シリーズ◆荒れる青少年の心

殺人の心理

人をあやめる青少年の心

発達臨床心理学的考察

河野荘子　編著

北大路書房

はじめに

昨今，青少年による殺人事件が，マスメディアなどによってセンセーショナルに報道されている。新聞やテレビを通して，当該の青少年の行った犯行内容の残虐さと，それとは極端に解離しているように感じられる精神発達の未熟さ（実年齢と比較しても，犯行動機の単純さや衝動コントロールの甘さという意味においても）にふれ，「そんなに悪いことをしたとは思っていない」「こういう事態になったのは，被害者にも責任の一端がある」と発言する姿を見せられるにつけ，社会全体の動揺や子育てへの不安は高まり，「得体の知れない，恐ろしい世の中になった」という思いは蔓延しているように思う。少年法が改正されたのも，１つには，このような社会全体の風潮に後押しされた結果といえよう。

ただ一方で，あらゆる犯罪がそうであるように，殺人もまた，犯行に至った背景には，時代や社会の問題に深く関係している側面だけではなく，その事例にのみあてはまるような固有の事情や要因などが存在する。われわれはこのことを肝に銘じ，安易な一般化によって，必要以上に混乱したり不安に思ったりすることは避けねばならない。

「人はなぜ人を殺すのか」。殺人は，ギリシャ神話のテーマになるほど古くから，人間を理解するための重要なテーマの１つとして，多くの人々の関心を集めてきた。しかし，とてもデリケートな問題であることや，殺人行為に至るまでの背景も心理的メカニズムもなにもかも個人によって違いがあること，さまざまな要因が複雑に絡み合って発生する悲劇であることなどが影響し，その探求は，非常に限られた分野で行われるにとどまっている。特に，青少年による殺人について詳しく検討した研究成果や文献は，事件の発生件数の少なさも手伝って，実のところ驚くほどに少ない。

本書は，青少年による殺人というむずかしいテーマについて，各方面で活躍している専門家たちが，それぞれの知識や経験を生かし，心理学的観点から，その解明に少しでも寄与しようと真摯に取り組んだ，意欲的かつ画期的なものであることを強調しておきたい。基本的には，発達臨床心理学的な立場から，殺人行為を専門的に吟味しようとするものではあるが，心理学の知識をもたない人たちや，これから勉強を始めようとする学生・院生の方も理解できるように配慮されているので，ぜひご一読いただきたいと思う。

本書は，主に３章から構成されている。第１章では，殺人の定義とその形成メカニズムについて取り上げ，精神分析理論や学習理論などをベースとした解説とともに，青少年のみにとどまらず，広く人間全般にとっての殺人行為の意味について，さまざまな側面から論じる試みがなされている。第２章では，青少年の殺人の実態とその内容を取り上げ，実情を紹介するとともに，ある特殊な状況下で起こる殺人と，精神的，心理的，器質的問題などが根底にある殺人との違いや，その諸相について，具体的な事例や研究をあげながら説明されている。第１章が難解だと感じられる場合は，第２章から読み始めるのもよいだろう。第３章は，殺人に接近する青少年への対応と予防策と題し，殺人行為と関連の深い怒りの衝動をコントロールする方法を紹介するとともに，いくつかの特徴的な殺人に対する対応について，具体的な例をあげながら解説している。先にも述べたように，殺人という行為が発生するメカニズムを理解すること自体が，たいへんむずかしく複雑であるため，現実的な対応や予防策を提示するには困難な点も多いが，その一端を理解していただければ幸いである。

最後に，本文中で取り上げられないテーマを，コラムの形で挿入したことにもふれておきたい。いずれのコラムにおいても，その問題に関する主要な文献に基づいて示唆に富んだ指摘がなされており，多側面から殺人行為について考えるきっかけを与えてくれるものとなっている。本書を熟読いただき，青少年の殺人というテーマについて，多くの方々の理解と関心が少しでも深まることを切に願うしだいである。

最後に，なかなか予定通りにすすまない原稿の集まりや編集を忍耐強く待ってくださり，本書の刊行にご尽力くださった北大路書房編集部の皆さま，とりわけ薄木敏之氏には，心から感謝申し上げたい。

2005年 9 月

編者 **河野　荘子**

目次

第1章

殺人の定義と殺人行為の形成メカニズム

第1節

殺人の定義 ―なぜ今殺人か―

1 殺人の定義

昨今，青少年による犯罪の報道が後を絶たない。神戸連続児童殺傷事件（1997）以降，栃木・教師刺殺事件（1998），沖縄・中２暴行死事件（2003），長崎・男児誘拐殺人事件（2003），長崎・小６女児殺害事件（2004）など，聞く者を震撼させ，戸惑わせるような事件が続いている。

これに対処するため，2001年４月より，新しい少年法が適用されている。改正少年法では，審判手続きの変更や犯罪被害者への対策が盛り込まれると同時に，以下のような変更がなされた。世にいう，厳罰化である。

①刑事処分可能な年齢を14歳に引き下げる。

②16歳以上の少年が故意の犯罪行為によって相手を死亡させた場合は，原則，検察官に逆送する。

③18歳未満の少年であっても，無期懲役を科すことができる。

少年法の改正の是非を問う議論はさておくとして，本書の取り扱う「人をあやめる」行為，つまり殺人とは，どのように定義づけられるのだろうか。

殺人とは，刑法第199条によって明確に定められている。殺害の意思，あるいは目的をもって行われた場合に，それが既遂されれば殺人，未遂に終われば殺人未遂となり，刑法第205条で定められている傷害致死と区別される。法律の概念の中で殺人と判断されるためには，加害者に殺害の意図があったかどうかが非常に重要な争点となる。ただ，一般に，われわれが殺人というときは，法律的な解釈や分類にかかわらず，自分以外の他者を殺す行為全般を指すことのほうが多いだろう。

人をあやめるという行為の背後には，対象となる人物に対する激しい攻撃衝動が潜んでいる。殺人とは，個人が他者に向けて，直接的に激しい攻撃を向ける典型例といえる。間庭（2002）は，攻撃を「他者に危害を加えようとするあらゆる形態の意図的行動」と定義する。この中には，言語的・非言語的，直接的・間接的なすべての行動が含まれる。また，網野ら（1982）は，「（殺人に至る）攻撃行動の基盤をなしているものは，自己の存在が脅かされる状況にあって，特に人間においては自己主張あるいは自己充足感などに不全をきたしている状況を克服しようとする動機づけである」という。

以上を考慮し，本書では，殺人を，加害者の殺意の有無は問わずに，「ある個人が，さまざまな方法で自己の存在を脅かされる状況下で，それを克服しようとの動機づけのもとに，自分以外の他者に危害を加え，生命を奪う，直接的な攻撃行動」と定義しておきたい。

2　青少年による殺人に関するこれまでの議論の概観

1――非行の「第４のピーク」との関連性と近年の非行の特徴

非行の凶悪化，深刻化がいわれ，「第４のピーク」が到来したのではないかと危惧する声も聞かれる。しかし，少年による殺人事件の発生件数は，センセーショナルな報道に反して，大幅に増加しているわけではない。平成15年版犯罪白書（2003）によると，2002年の殺人による逮捕者は83名であり，1990年代以来，ほぼ100人前後で推移してきている。これは，1950年代，60年代と比較すれば，少年人口の減少を考慮しても減少傾向にあるといえる。瀬川（2001）は，「殺人罪の増加を根拠として，（少年非行の）凶悪化のテーゼを肯定することは困難である」という。その上で，近年の強盗や覚せい剤事犯の急激な増加に注目し，この現象を注意深く検討することを通して，現代型非行の特徴を見いだすことができるのではないかと述べている。

強盗は，暴力や脅迫を用いるものであり，歯止めがきかない暴力は，被害者を死に至らしめる。一方で，昨今，「キレ」の問題が広くいわれ，現代の子どもたちを語る上で重要なキーワードとなったかにみえる。殺人にもつながりかねないこの種の暴力犯罪の増加は，「キレ」に代表される，青少年全般の，自己統制能力や欲求不満耐性の低下，自己愛的な傷つきやすさ，対人関係上のスキルの欠如などに関連するととらえることもできるだろう。

また，門脇（2000）は，現代青少年の特性として，大人や社会への不信感を強くもち，そういった社会から徹底して逃げ出そうとしていること，自分への信頼や自信を徹底してなくしていること，そのような自分を相対化する視線や自省能力をもちあわせていないことの３点をあげている。

暴力にしても覚せい剤などの薬物にしても，直接的に自他の身体感覚にはたらきかけ，意識的，無意識的に，ある種の非日常的な体験をする，もしくは相手にさせるものである。過度の暴力は，人格の解離現象との関連が議論されているし，薬物は，幻覚や幻聴などを起こして，身体感覚を狂わせる。自分にも社会にも生きていく足場を見いだせない青少年たちが，「生きている」という実感の，もちにくさや，自分の力を確認することのむずかしさを，強い身体感覚を求めることで埋め合わせ，それを通して，漠然としてしまいがちな自己を再確認しようとしているのだとすれば，暴力や薬物犯の増加という現象は，ある意味で整合性の取れたものとして理解することができる。漠然としている自己を確認する試みという視点からみれば，食をコントロールすることで，自分をコントロールしようとする摂食障害や，自分を傷つけることによって存在を確認しようとする自傷行為などと根本でつながるように思われるのである。暴力も薬物も，青少年たちの生きる試みの１つでもあり，彼らが内に抱える空虚さと表裏の関係にあるといえるのかもしれない。

2――殺人事件を起こす青少年の特徴

殺人のみにかかわらず，昨今，非行少年が以前とは異なった様相を示すようになったことは，さまざまな立場の人々が指摘している。暴力によって，まったく面識のない被害者から金品などを奪い取り，相手を死に至らしめたとしても，その精神的・身体的苦痛には意識が向かず，自分が行った犯罪行為をなかったことにしてしまおうとする心理機制のはたらく者（佐々木, 1999）や，社会的に未成熟（犬塚, 2002）な者が増えてきているともいわれている。

家庭裁判所調査官研修所（2001）は，1997年から1999年までの３年間に，13歳から18歳までの，単独で殺人事件を起こした少年10名と，集団で殺人事件または傷害致死事件を起こした少年10名（５事例につきそれぞれ主犯格１名と従犯格１名ずつ）を取り上げ，その背景や原因を分析している。

その結果，単独で重大事件を起こした少年たちは，情緒的な未熟さ，心の中にある怒りや悲しみなどを表現する能力や手段の乏しさ，親子関係やしつけの問題，少年の両親の夫婦関係の問題などがみられるという。また，集団で重大事件を起こした少年たちは，単独の少年たちに比べて，人格の偏りは少なく，了解可能な部分が多いが，自分の力の誇示や他の集団構成メンバーへのアピールなど，集団の力動によって暴力がエスカレートしやすいこと，同じ“集団”でも，多人数の集団に所属できない者どうしが結びついた二人共犯の事件とでは，問題発生のメカニズムが違うことが示されている。

変化したといわれる最近の少年たちを分析したものであるにもかかわらず，この結果には，古典的ともいえる背景要因も含まれており，現代の非行問題を考える上で多くの示唆に富む。

また，網野ら（1981）は，特に14歳未満の少年による，殺人，殺人未遂，傷害致死事件について取り上げ，その心理・社会的特徴を分析している。彼らは，加害者とされる少年が年少であり，自我発達の途上にあるため，思春期以降や成人による殺人とは区別して考える必要があることを前提とし，「児童の殺人と称される行為の中には，殺意はなく，その攻撃行動の結果，誤って人を死に至らしめるという事例も非常に多い」という。そして，事件前に非行性の認められた少年はきわめて少ないこと，家庭内不和や家族による無視・放任など，家庭の問題が大きな影響を及ぼしていること，自我が未成熟で，自己統制力が弱く，欲求不満や劣等感情が強い性格特性をもつことを指摘し，年少少年に対する環境改善を重視した処遇の意義は大きいとしている。網野ら（1982）の行った事例分析でも，年少少年による殺人は，環境要因と少年の自我形成上の問題とが影響しあって，突発的に生起した事件が多いことが示されている。

網野らの一連の研究が行われた時と現代とでは，ほぼ20年の隔たりがある。この間の社会の変動は大きく，彼らの提示する知見をそのまま当てはめることはむずかしいという議論もあるかもしれない。しかし，殺人が，外からの刺激によって，自分の存在が脅かされていると感じ，攻撃衝動を爆発的に表出させることで起こる，非常にパーソナルな行動であるとすれば，それを理解するためには，時代の流れには影響されにくい部分である，個人の性格特性や認知の問題，個々の発達課題，思春期特有の心の動きも考慮に入れねばならなくなる。知的発達の問題や，犯行時までに社会とどのようなつながりをもって生活していたのかなども重要な情報となるだろう。表面的には，殺人という共通の現れをしていても，年少少年とそれ以外の少年とでは，心理機制が異なっていても，けっして不思議なことではない。網野らの研究は，それを示唆するものとしてたいへん興味深い。ただ，このことに関する知見は，現時点ではまだ十分とはいえない。今後の研究が待たれるところである。

3 なぜ今殺人なのか

われわれは，殺人というと，どうしても「目を背けたいもの」「自分とは関係のないもの」と考えてしまう。まして，青少年による殺人事件は，発生件数自体が少なく，耳目を引きやすいため，特別な特徴をもった特殊な環境で育った子どもの行動のように思えてくる。以前，青少年の「キレ」の問題が世間を騒がせた時，ある新聞社がアンケートを実施し，人を殺したいと思ったことのある子どもが相当程度いるという結果を報じたことがあった。「わが子はそんな恐ろしいことは考えたこともないはず」と思っていた親たちは，大きな衝撃を受けたが，われわれ大人は，子どもが殺人を考える可能性さえも，強く意識から排除してしまうところはないだろうか。

確かに，昨今の事件には，とても通常の感覚では理解できないと思うようなものがある。殺人という行為自体は，許しがたいものであるし，加害者がある一定の社会的制裁を受けることにも異論はない。ただ一方で，青少年による殺人を含めたさまざまな問題行動は，青少年全体が抱える特徴や問題と無関係では起こりえない。また，長谷川と長谷川（2000）も指摘するように，殺人の引き金となる個人間の葛藤や対立，怒り，嫉妬などは，たいていの人が体験したことのある，ごくごく日常的な感情である。自分にとって気持ちのよくない，しかし，人として生きていく上でなくしてしまうことのできないそういった感情を適応的に処理するには，ある一定の心の強さや社会的スキル，経験などが必要となる。昨今の青少年による殺人事件は，こういったごく普通の感情とうまくつきあえない子どもの存在を端的に示しているといえるのではないか。そう考えれば，殺人はそれほど遠い世界の話ではなくなってくる。

警察庁では，被害者の苦痛や悲しみ，憤りを少年たちにじかに聞かせることによって，償いの気持ちを起こさせ，更生に役立てようとする試みを始めた。2006年には本格的な実施に踏み切りたい意向であると聞く。

青少年の問題がクローズアップされている今，人間全体にとっての大きなタブーの１つである殺人について，目を背けずに，深く多面的に考察することは，現代の青少年だけでなく，今を生きるすべての人に共通する問題を改めて認識させてくれるのではないだろうか。子どもの問題は，たどっていくと，結局は，彼らを取り巻く大人や社会全体の問題につながるからである。

第2節

殺人行為の形成メカニズム

1 はじめに

殺人（homicide）は，他の犯罪に比べると，事件発生の認知率，犯人の特定率が高いという特徴をもっている。事態が重大であるだけに，報告されずにおかれるということが少ないのである。それゆえ，発生状況，被害者，加害者の特徴といったことが，よく調べられている。

しかし，いかなる犯罪にもいえることであるが，事件は常に起こった後に報告される。犯行時の心理状態は，犯行後の記憶や状況から推測するしかない。加えて，警察や司法手続きの制約もあって，心理学的研究の手が届きにくく，犯罪が形成される際の詳細な心理力動といった点については，科学的な解明が十分になされているとはいえない。

定義の上でも，難しさがある。被害者が死に至る過程には，加害者の意図，行為，事態の推移，それらを取り巻く状況と，さまざまなものが含まれる。殺人という場合，いちおうは，殺意の存在によって，傷害致死から区別されるが，その有無を見分けることはさほど簡単なことではない。また，被害者の生死がわかれる際（きわ）には，何らかの偶然性，あるいは「事故性」が関与するのも常である。「すべての殺人事件は，傷害事件のしくじりだ」（Doerner & Speir, 1986）といった言い回しが，ある種の説得力をもつのもそのためである。

「事故性」という点についていえば，結果として生じる殺人事件の数が，凶器の性能と，入手の容易さによって左右されるということも見逃せない。米国のような銃社会では，日本よりも被害者の死亡という結末が多くて当然であろう。本来別種の犯罪であるものが，殺人という結果に結びつく率も増える。シカゴにおける強盗殺人事件は，強盗事件全体の１％にすぎないが，その数は殺人事件の20％を占めるに至っている（Block, 1977）。

本書においては，青年期に焦点を絞りながら，さまざまな殺人の問題が論じられるが，本節は，殺人という暴力行為の形成メカニズムを理解するための，ごく限られた視点を提示するにすぎない。上述のような他種の犯罪の派生として生じる殺人については割愛する。また，殺人というと，連続殺人，大量殺人といった事件が耳目を引くが，そうした特異なケースについても，ここではふれない。

はじめに，原理的な問題として，人間がもつ攻撃性（aggression）についての議論を，簡単に紹介する。次に，殺人事件が発生する状況についての分析と，発生に至る過程についての議論を紹介する。その後，暴力犯罪者の人格特徴に関する１つの見解を，実証的研究を含めて紹介する。最後に，殺人と結びつきの深い，心理力動に焦点をあて，特に自己愛性憤怒とマゾヒズムについて検討する。

2 攻撃性

殺人を含め，人間の暴力的な行動の背後には，そうした行動を生み出す一般的な性向が存在するのか，またその存在をどのように位置づけるのかというのが，ここでの議論である。

人間の攻撃性が，本能として備わったものとみる見方は，主に精神分析学において顕著であった。フロイト（Freud, 1920/1955）ははじめ，攻撃性を欲求不満に対する反応と考えていたが，後に，自らの生命を破壊しようとする死の本能（タナトス）を性の本能（エロス）に対置する形で仮定するようになった。彼の理論によれば，自己保存を志向する性的欲動（エロス）が，生命を脅かす外的対象に死の本能を振り分けることで，攻撃性は発現される。こうした議論はきわめて思弁的で，精神分析家のなかでも，自己破壊を一義とする死の本能概念そのものを受け入れるものは少ない。しかし，攻撃的な本能そのものについては，想定する理論家も多く，暴力，攻撃的空想，集団間の敵意，自殺行為などは，その発現形態であると考えられている。

フロイト以後の自我心理学者たちの間では，自我の関与のもとでの攻撃性の発現ということが論じられるようになり，置き換え，昇華，あるいは中性化といった形で，攻撃性は適応的に利用されると考えられた（Hartmann et al., 1949）。そして，攻撃性が暴力という形で直接表出される場合は，欲求不満耐性の低さ，衝動統制の悪さなど，自我の脆弱さが問題とされるようになる。このように自我心理学的な観点では，攻撃欲動そのものよりも，攻撃性をコントロールする要因に強調点が移り，犯罪者の人格的な特徴を記述する幅は広がったといえる。しかし，本能論的な攻撃性の存在自体は，そのまま引き継がれている。

攻撃性を人間の本能的な性向として仮定する考え方に対して，反論を唱える立場も存在している。代表的なものとして，ここでは学習理論家の主張と，対人関係論的な精神分析の流れに位置するフロム（Fromm, 1973）の考え方をあげておく。

学習理論においては，暴力行動は，オペラント条件づけやモデリングによって学習されたものと考えられる。たとえば，直接的な強化因子による学習理論によれば，強化のあり方が，正であるか負であるかによって，攻撃行動は2つの種類に分けられる。手段としての攻撃（instrumental aggression）は，物，地位，注目を手に入れるための手段であり，正の強化によって学習される。怒りによる攻撃（anger aggression）は，不愉快な状況を取り除くという，負の強化を通して学習されるとされる。一方，バンデューラ（Bandura, 1983）のように，行動に付随する結末は，観察学習によって最も効率よく学習されると主張する理論家もいる。つまり，家庭や学校で，他者の暴力を目にすることで，暴力的行動が学習されるという考え方である。彼はまた，攻撃行動は獲得される行動レパートリーの1つに過ぎないので，それだけでは暴力による状況解決に頼る傾向は説明できないとし，むしろ攻撃行動以外の，適切な解決方法を学習できていないことが問題であるとしている。

フロイトとは異なる精神分析の立場から，本能論的な攻撃性の考え方に異を唱えたのは，対人関係学派のフロムである。彼は，防衛的（良性の）攻撃性，危機状況に生じる生物学的にプログラムされた反応としての攻撃性，破壊的（悪性の）攻撃性の３つを区別し，破壊的攻撃性は，本能というよりは，社会経済的な要因によって，人とのつながりや人格の尊厳を失うときに生じるものであるとした。この悪性の攻撃性は，サディズム的性格を特徴づけるものとされ，一時期，米国のDSM-Ⅲ-Rに，サディズム的人格障害という診断カテゴリーとして取り入れられたという経緯もある（Blackburn, 1993）。

以上，人間の暴力的な行動を説明するためになされてきた，攻撃性に関する議論を概観した。大別すると，攻撃性を人間の本能的性向として仮定するものと，経験や環境を重視する立場とがある。いずれも，人間存在のある側面を照らし出しているという点では重要であるが，殺人という特定の犯罪について議論するには，一般的，抽象的に過ぎることも認めざるを得ない。

3 殺人事件が起こる状況

ここでは，もう少し具体的に，殺人事件が起こる状況とはどのようなものであるかをみていくことにする。また，その状況において加害者と被害者の間に，どのような相互作用が生じるのかについてもみておきたい。

ウォルフガング（Wolfgang, 1958）は，フィラデルフィアで1948年から1952年までに起きた588の殺人事件を分析し，全体の37％が口論や侮辱といったささいなきっかけによるもので，87％が加害者と被害者とが知り合いのケース，94％が同じ人種どうしの事件であることを見いだしている。また82％の犯人は男性（ほとんどが35歳以下）で，被害者のほうも76％が男性，66％の事件で加害者または，加害者と被害者がともに飲酒していたとしている。方法としては刺殺が最も一般的で，土曜の夕方から真夜中過ぎにかけて起こりやすい。そして暴力の激しい事件は，夫婦の間で起こるという。ウォルフガング以後，米国，英国で同じような分析調査が行われているが，部分的な違いはあるものの，多くの事件において加害者と被害者が知り合いで，口論の末に至った犯行が多く，また飲酒が絡んでいるケースが多いという点で一致しているという（Hollin & Howells, 1989）。

日本における分析資料としては，やや古いが，山岡（1969）のものをみると，東京都内で起こった203件の事件のうち，82%の加害者は男性，54%の被害者が男性であり，殺人の計画性については，男性の加害者のうち51%に計画があり，女性の場合81%に計画がみられたという。この点について山岡は，男性の場合，女性に比べ，偶発的･機会的殺人を引き起こすことが多く，一方，女性の場合は，攻撃的行動を抑制する傾向が強い分，犯行に至るまでの時間が長く，心理的葛藤を経るため，計画性がもたれやすいとしている。加害手段としては，男性では刺殺が最も多く（45%），女性の場合絞殺が最も多い（38%）。犯行時間としては，男女ともに，午後8時から午前7時59分に集中する傾向を示しており，これは，犯行が比較的親しい個人的な関係者間において，発生することから来ているとしている。

このように実際に起こる殺人事件の多くは，知り合いどうしの間で起こるということ，しかも，夫婦のような親密な間柄であるということがめずらしくないということは，見逃せない事実である。最新の犯罪白書においても，この点は変わらず，「面識のない他人」が15.7%であるのに対し，「親族関係」が41.6%と圧倒的に多い（法務省総合研究所, 2004）。多くの殺人事件は，「激情犯罪（crime of passion）」であるといわれるゆえんであり（Blackburn, 1993），当然そこには，知ったものどうしである加害者と被害者の間の相互作用が存在する。

こうした観点から，ウォルフガング（1957）のように，多くの殺人事件は被害者による誘発（victim-precipitation）が関係すると指摘する研究者もいる。彼の調べたフィラデルフィアの事例では，約4分の1のケースで，被害者のほうが先に暴力をしかけており，被害者自身が暴力犯罪の加害者という性格をもっていたという。こうした見解が拡大解釈されて，被害者がいわれ無き責めを受けることは避けなければならない。また，加害者の弁明には，事実の誇張や，被害者への責任転嫁が起こるという事実も忘れてはならない。ただ，多くの殺人事件が，加害者の一方的な意図によって起こるというものではないという点は，おさえておく必要がある。そこで次に，殺人に至るまでの過程に，加害者と被害者に，どのような相互作用があるのかという点についてみてみよう。

ラッケンビル（Luckenbill, 1977）は，殺人に至る過程で生じる，加害者と被害者の相互作用をいくつかの段階に分けて説明している。第1段階では，被害者が加害者の自尊心に対する，ある種の攻撃と受け取られるような行為や発言をする。第2段階では，加害者が，被害者に対して，その行為や発言の意図を確認しようとする。第3段階では，加害者が，被害者に対して，発言を撤回するように求める。第4段階では，被害者は断固として譲らず，何らかの応酬がなされる。第5段階に至って，加害者が暴力行為に至る。即座になされる場合もあれば，武器を探した後の場合もある。第6段階は，加害者が逃走する，あるいは取り押さえられるといった，犯行後の経緯である。

東京の殺人事件を調べた山岡（1969）は，被害者の挑発の有無を調べているが，男性の場合50%，女性の場合20%に，挑発行為が認められたと報告している。また，挑発行為の例として，「殴打するなどの攻撃を加える」「凶器を誇示する」「口頭にて明らかに傷害を与える意志を表す」「加害者の身近な人間に対して，傷害を与える行動，あるいは，意志を明らかにする」などをあげている。

このように，明らかに被害者からの威嚇的な行動があった場合，殺人行動は，それに対する反応として生じたと考えるのが妥当である。ただし，被害者の挑発が必ずしも明確ではない場合があるし，また，仮に挑発があったとしても，その挑発が，殺人にまで至るような激しい攻撃を引き出すものであったのかどうかという点に問題が残る。先の，ラッケンビルの段階に従えば，第1段階において生じる自尊心への攻撃が，加害者にどのように受け取られるのか，その受け取り方に加害者の人格要因が関与していないかという問題である。その人が妄想的であるなど，現実を歪めてとる傾向があればあるほど，被害者のなにげない行為や発言は，激しい怒りや恨みを誘発する結果になる。自己愛性の憤怒は，こうした反応を理解する1つの鍵になるが，その点にふれる前に，暴力犯罪者の人格特徴に関する見解を，実証的な知見とともにみておくことにする。

4 暴力犯罪者の人格特徴

メガーギー（Megargee, 1966）は，暴力行為の発生は，怒りの感情など，暴力行使を誘発する刺激が，攻撃的衝動をコントロールできる限界を超えるときに起こるとし，その限界には個人差があると考えた。彼は，暴力犯罪者の中には，統制の限界が低く，怒りがすぐに暴力行為に結びつく群と，過剰にコントロールするために，長い期間怒りを抑制し，限界を超えたときに爆発的な行動に至る群とが存在することを予測した。

ブラックバーン（Blackburn, 1971）は，精神科病院の犯罪者病棟に拘置された56名の男性殺人犯を，MMPI（Minnesota Multiphasic Personality Inventory）のスコアに基づいて，4つのクラスターに分類した。4つのクラスターは，統制希薄（under-control）と統制過剰（over-control）という2つの群にまとめられる。

統制希薄群には，精神病質群と妄想・攻撃群の2つが属する。精神病質群（第1精神病質群）は，衝動統制が乏しく，高い外向性，外部に向けられる敵意，不安の低さが特徴で，わずかながらの精神科的症状を有していた。妄想・攻撃群（第2精神病質群）は，衝動性と攻撃性の高さという点では同じだが，さまざまな精神医学的な症状を有している点が特徴的だった。

一方，統制過剰群には，統制･抑圧群と抑うつ･抑制群が含まれる。統制･抑圧群は，高い衝動統制と防衛操作を示す一方，敵意，不安，精神医学的症状は低い。また，抑うつ･抑制群は，衝動性と外向性の低さ，敵意を自分の内側に向ける傾向，抑うつ的傾向が顕著であった。

ブラックバーンによる4つの分類は，その後，精神科症状がなく，一般刑務所に収容されている暴力犯罪者に対する追試によって，くり返し確かめられている（Hollin & Howells, 1989）。ブラックバーン（1983）は，統制希薄な精神病質群と，統制過剰な抑制群の暴力犯罪について，次のようにまとめている。統制希薄な群は，対人関係の解決方法として，強制的であったり，敵意をむき出しにするという方策が定着しており，そうした人格特徴が暴力犯罪を生む。一方で，統制過剰な群は，困難な状況に，服従や回避的な行動で対処しようとするが，それが限界に至ったとき，最後の手段として暴力に訴える。

暴力犯罪者の中に，統制希薄な群と，統制過剰な群の2つのタイプが存在するということは，実証的にもくり返し確かめられており，殺人事件を理解するうえでも重要な知見である。ただし，付け加えておかなければならないのは，こうした2つの群（あるいはブラックバーンの4つの群）は，暴力以外の犯罪者においても見いだされており，暴力犯罪者だけの特徴とはいい切れない。暴力犯罪の発生ということを考えると，そもそも人格要因だけで説明するのには限界があり，すでにふれた被害者と加害者の相互作用など，状況要因と人格要因のマッチングを考える必要がある。

5 殺人にかかわる心理力動

殺人事件を理解するためには，状況の要因と人格の要因の2つを考慮に入れる必要があるというのが，ここまでに得られたおおよその結論である。そこで注目されるのは，暴力的犯罪者が，統制希薄と統制過剰という，主に2つの人格タイプにわかれるという点である。同じ殺人事件であっても，加害者の人格のタイプによって，事件が生じる状況の性質が異なってくると考えられるからである。統制希薄なタイプにおいては，言い争いや，侮辱されるといったささいなきっかけから，容易に暴力的な行動が触発されると考えられる。一方，統制過剰なタイプにおいては，状況はより深刻かつ苦痛に満ちたもので，長期間そうした状況に身をおくことによって，暴力の爆発が準備されると考えられる。

この2つのタイプの殺人事件に対応して，次のような疑問が生じてくる。第1に，ささいなきっかけに触発される，統制できない強い怒りとは，どのような性質のものか。第2に，暴力の爆発に至るまで，苦境に身をおき，そこから逃れられないとすれば，そこで何が生じているのかといった疑問である。こうした点を理解するためには，加害者の心理力動を，より内的次元に沿って観察する必要がある。ここでは，そうした理解の手がかりになると考えられる2つの要素について考察する。第1は，自己愛の問題と自己愛性憤怒とよばれるものであり，第2は，マゾヒズムの問題である。

1――自己愛性憤怒

殺人に関連する自己愛の問題として，最もかかわりの深いものは，自己愛性憤怒（narcissistic rage）と称される現象である。自己愛性憤怒そのものは，かなり幅の広い現象を総称するもので，たとえば，自分が示した好意に相手が見合った返礼をしないことに，いらだちを覚えるといった程度のことも含まれる。当然，殺人に関連する場合というのは，最も激しい極に位置する。激情にまかせて相手に殴りかかり，相手が倒れても殴り続けるといった状況は，その最たるものであろう。

自己愛性の憤怒についての理論的貢献は，米国の精神分析家であるコフート（Kohut, 1971, 1977）によるところが大きい。コフートは，ささいなきっかけで生じる攻撃性，怒り，破壊性を，太古的な誇大自己の傷つきという点から説明する。彼によれば，人間は自己愛的なエネルギーをもって生まれてくる。そして，赤ん坊は，その健康な発露として，生まれたときから周囲に向けて要求と自己主張を行う。それを親の側が共感的に受けとめ，子どもの要求と自己主張を促進することによって，子どもの自己愛は健全に発達していく。やがて成熟した自己愛は，安定した自尊感情の源として，成人の精神生活においても重要な役割を果たし続けると，コフートは考える。一方，親のかかわりに共感性が欠けていたり，共感的なかかわりが中断したりすると，子どもの心にさまざまな分裂が生じる。その１つは，水平の分裂とよばれるもので，自己愛エネルギーは抑圧され，抑うつ感や心気症的な症状へとつながる。もう１つの分裂は縦の分裂とよばれ，現実自我と誇大自己の分裂を生み出す。共感が得られない苦痛な現実から，自らを切り離すことで，原始的な誇大感を永久保存しようというわけである。しかしこの太古的誇大自己は，現実の裏づけをもたないので，尊大ではあるが脆弱で傷つきやすい。ささいなきっかけで傷つき，自己愛性憤怒が生じるのはそのためである。

マルムクィスト（Malmquist, 1996）は，精神医学的な観点から殺人について考察を行っているが，自己愛の問題は，一般に考えられる以上に殺人にかかわりをもっているという。彼によると，一見すると一瞬の怒りの爆発のような場合でも，犯行に至る経過を精査すると，それなりの時間をかけて事態が推移していることがわかる。つまり，脆弱な自己に対するある種の脅威を経験し，そこで受ける脅威の感覚が，客観的に評価される程度を超えて，増幅していくのである。その理由としては，コフートのいう太古的誇大自己の傷つきやすさが第一にあげられるが，それに加え，外在化や投影の機制が絡んでくる。自分の過ちや失敗から生じる不快な感情をもちこたえることができず，それが外在化されて，相手が自分を圧迫する悪者として体験されるのである。そしてその事態を正そうとして，義憤とも取れる怒りを爆発させることになる。そこに妄想様の観念が混入すると，さらに相手の動機を現実的に把握することができず，相手に対する怒りが発生しやすくなる。

自己愛性の憤怒によって生じる暴力には，機会的，突発的なものもあれば，より長い時間をかけて，対人関係の文脈の中で醸成される場合もある。前者の場合，飲酒や薬物による酩酊によって，極端な攻撃行動が誘発されやすくなっていることが多い。一方，長い時間をかけて起こるものには，復讐によって恨みを晴らすという要素が含まれる。

2――マゾヒズム

事件を裁く法的な観点からすると，殺人事件の被害者は，殺された人以外の何者でもない。しかし，どのようにしたら殺人という事態を回避できたかと考えるなら，つまり予防的な観点に立つなら，状況はそれほど単純ではない。事件によっては，加害者本人が，被害者的要素をもっている場合がある。それは，加害に至るまでの間，本人が受けていた虐待的な扱いのことを指すが，さらに，事件によって社会的制裁を被るという「被害」が追い討ちをかける。問題は，どうして殺人といった究極の暴力をふるうまで，被虐待的な境遇から抜け出すことができなかったのかという点である。

この問題に関心が向けられるようになるのは，バタード・ウーマン症候群（battered woman syndrome）との関連であった。これは，暴力的な夫や愛人との関係において，虐待を受け続けることで生じる心的外傷反応を指すが，配偶者の殺人事件において，こうした症候群が指摘されるケースが増加してきた。ブラウン（Browne, 1987）によれば，米国における殺人の12%は女性によって行われ，そのほとんどが暴力の被害を受けた女性であった。加害者の女性が殺害の動機としてあげるのは，おしなべて「自分の身を守るため」であったという。

社会学的な観点からは，こうした女性たちは「文化のわな」にとらえられたと説明される。夫から暴力を受け続けても，その場から離れることができないのは，女性という社会的立場に縛られ，ジェンダー・ロールを引き受けているからだとされる。確かにそうした一面はあるものの，心理学的観点からみた場合には，次のような疑問が生じる。すべての女性が，社会的な立場に縛られるわけではないこと，そして，そうした関係にある女性は，意識的にその関係を選択しているわけではないということである。言い換えると，無意識的に選択させる何かが想定されるということである。

この点について考える1つの手がかりが，マゾヒズムである。この概念は，身体的苦痛から性的快感を得る性的嗜好を指す概念であったが，概念的な拡張を経るなかで，自ら進んで苦役や困難を引き受ける性格傾向を指すようになった。これは，性的マゾヒズムと区別され，性格的マゾヒズム，あるいは道徳的マゾヒズムとよばれる。

マゾヒスティックな殺人者の共通の特徴は，日常生活の中で，自ら進んで情緒的な苦痛を伴う立場に身を置く，あるいは苦痛な仕事を引き受けるという点にある。つきあう相手との関係で，明確な虐待があるかどうかは別にして，卑屈で服従的，搾取される立場をとる。それは，とても微妙に生じてくるので，その人をよく知る人でないとわからない場合もある。

こうした人々が，苦痛な状況の被害者から，殺人の加害者に転じる過程を理解するうえで，マルムクィスト（1996）は，攻撃性の抑制，自己愛的な傾向，抑うつの3つの要素が鍵になると述べている。

第1に，マゾヒスティックな人々は，自らの攻撃性をうまく扱うことができない。怒りの感情をうまく表現することができず，また，そうした感情を感じるだけで罪悪感を抱くので，攻撃性は通常抑圧される傾向にある。第2に，マゾヒスティックな人々は，自ら労苦を引き受けることで，他者の罪悪感を喚起し，それによって相手を支配しようとする傾向がある。こうした自己愛的な支配性は，一見すると見落とされがちであるが，マゾヒズムを理解する上で重要な要素である。第3に，マゾヒスティックな人々は，怒りを感じた場合にも，相手を支配できないと感じたときも，抑うつ的な気分に陥る傾向がある。

この3つの要素が，重なり合うことで，被害者の立場から，徐々に加害者の立場に近づく可能性が生じてくる。自己犠牲的な他者のコントロールが通用しないと感じるとき，当の本人は欲求不満を覚え，しかし怒りそのものは抑制しつつ，さらに自分を苦境に追い込むという連鎖が続いていくことになる。最終的に，それまでの自己犠牲と忍耐が，けっして報いられることはないと感じた瞬間，強い抑うつに向かうか，さらなる自己犠牲に向かうかの，分岐点に至るが，その瞬間に絶望感が強まるほど衝動的な行動へと向かう可能性は高くなり，苦しみの源になったと感じられる近親者に，破壊的な攻撃性が向けられる結末が準備される。またその攻撃性は，虐待者本人ではなく，その周辺にいてそれよりも弱い人，加害者にとってとっつきやすい人に向けられることも多いようである。

たしかに，マゾヒズムという概念には，それを女性固有の傾向とみなすことで，性差別的な偏見を生み出す危険がつきまとう。また，虐待の加害者の正当化や，逆に被虐待者（ここでは潜在的な加害者）の責めに用いられるといった危険もある。ここでマゾヒズムを取り上げたのは，もちろんそのような意図によるものではない。攻撃性を抑制し，苦境に耐えかねた末に，殺人に至るという事例を理解する１つの手がかりとしてあげたということを断っておきたい。また，その概念の真価は，悲劇的な結末を生まないように，どのような援助が可能なのかといった，予防的な観点から論じられるときに最も発揮されると考える。そうした意味において，夫婦や愛人間で生じる殺人だけでなく，さまざまな近親者間で生じる殺人について，こうした観点から再考することには，意義があるのではないだろうか。

6 終わりに

本節では，殺人行為の形成メカニズムを考えるための，いくつかの視点を提示してきた。本節で扱ってきた内容は，一般的にみられる殺人に焦点を当てており，連続殺人とか，大量殺人といった特異なケースについてはふれていない。また，財産犯，性犯罪などとの関連で，派生的に殺人が生じる場合もあるが，それらについても省略した。殺人行為を理解するための心理力動としては，自己愛性憤怒とマゾヒズムをあげたが，ほかにも解離（dissociation）や境界性の病理（borderline pathology）など，さまざまな心理機制が考えられるが，ここではそれらを体系的に整理したわけではない。今後大いに検討の余地がある点である。

謝辞　脱稿にあたり，京都刑務所の細水令子氏，名古屋拘置所の中島啓之氏に，矯正現場の視点から貴重なご意見をいただき，参考にさせていただいた。感謝の意を表する。

Column ①

殺人の前兆

近年，少年による殺人事件が起こるたび，その少年を知る人たちに「ごく普通の子だったのに，信じられない」というような驚きを生じさせる傾向がある。この原因として，事件の日まで，犯行の前兆を意味する行動が現れなかったか，他の心理のわずかな表出や行為の前兆と区別がつきにくかったということが考えられる。その少年に，日ごろから粗暴または奇異な言動があれば，周囲の人たちはそれを何らかの問題の現れとみなし，重大事件に対しても上記のような印象をあまりもたなかったかもしれない。前兆らしき行動があると認められれば，さらに大きな問題行動が生じないように適切に対応することが可能になるので，親などの関係者がそれに早く気づき，その意味する心理を探ることは非常に重要になる。

それでは，殺人事件に至るまでの前兆行動にはどのようなものがあるのだろうか。近年の少年による殺人事件に関する報道や調査から拾って分類してみると，①孤立の選択（欠席または欠勤の増加，学校または職場で他者を避けること，部屋への閉じこもりなど），②生活状態の急で大きな変化（昼夜逆転の生活，不良な外見，怠惰など），③奇異な粗暴言動（ささいな注意に対する過激な反応，やつあたり的な粗暴言動，日常的に現れる怒りやいらだちの言動など），④特異な趣味（空気銃やナイフの収集，残虐で凶悪な場面の多いゲームやビデオや雑誌への熱中，青少年による凶悪犯罪記事の収集など），⑤不良行為または犯罪行為（動物虐待，家庭内暴力，他者の使役，凶器の携行と見せびらかし，窃盗，器物損壊，傷害など），⑥悩みの表出（自殺願望の表現または自殺未遂，頭痛などの身体症状など），⑦凶行の企図の表現（凶悪犯罪を企図し計画する文章，それを暗示する文章や絵，奇怪で醜悪な絵など）がある。

しかし，上記の1つまたは少数の行動だけでは，殺人の前兆であるか否か判別するのは困難である。少年の生活状態と関連させながら複数の行動に共通する意味を読み取らねばならないが，実際にはこれも容易でなく，対応が遅れたり，欠如したりする。そうなる原因としては，前兆の現れが微妙で察知しづらいうえに，早い時期であるほど，問題行動を殺人に至る前兆であると気づくには材料不足であり，したがってその行動の意味は多義的で，それとしてわかりにくい。気づかれても一時的な心身の変調の現れかもしれず，殺人というあまりに重大な行為にまで結びつくとは考えられない。周囲の者の側の原因としては，上記言動が早期にあるほど，いつものこととしてあまり重大視せず，真剣に対応しない傾向である。また，凶行の前兆だとの判断が勘違いであるおそれや，前兆があったのを理由にはたらきかけて当人を刺激してかえって問題をこじらせたり，追いつめたりする心配から，対応をためらうことである。

Column ②

社会からの疎外感・孤立感と殺人

疎外感とは，事物や他者とかかわるうちに，本来あるべき自分らしさを失ってしまい，自分が自分でない違和感のある状態であり，さらには，周囲の人たちからよそよそしくされているとの感じが加わる。孤立感とは，周囲の人たちから離れてかかわり合いがなく，独りであるとの感じである。殺人事件を起こした少年のうち単独で犯行に至った者に，特に社会からの疎外感も孤立感も強かったことがうかがわれる。

単独事件の少年は，幼少期から問題行動を頻発させた型，表面上は問題行動のなかった型，思春期に大きな挫折を体験した型の3つに分類され（家庭裁判所調査官研修所, 2001），そのうち「普通の子」や「よい子」に相当するのが後二者である。

表面上は問題行動のなかった少年には，孤立感が相対的に強かったようである。周囲の者との葛藤の表面化を避け，自分の意のままにならない他者との関係にわずらわしさを感じ，独りであることの気楽さを選んで，自分の自由になる生活と心理世界をつくって安住しがちになる。他方で，自分の存在を認めてもらい，注目されることを切望してもいるが，非常に自己中心的なかかわり方に固執するので望みはかなわず，不満や被害感や怒りを強めていく。日ごろの気持ちを受けとめてもらおうにも，同性の不良者にはなじめず，異性と交際できるほどの社会性もない閉塞状態のなかでいらだつ結果，しだいに追いつめられる。そこで，自分の自由な操作やイメージが可能なゲームやビデオという仮想現実に逃避的に浸り，仮想の世界で可能なことを現実の世界にすんなりもち込んでしまう。このような心理世界においては，人の死すら娯楽の対象で，死の意味は軽くなる。追いつめられるうちに，直面した現実において，自分だけの世界または自己イメージが破壊されそうだとの危機を感じると，ただちに自分らしさを回復しようとして生じた恐慌反応が凶悪事件につながる。

思春期に大きな挫折を体験した少年には，相対的に疎外感が強かったようである。親の期待にこたえて一生懸命よい子を演じて，自己の他の側面には目をつぶる。期待にそっているとの強い自負心をもち，抑制が強くて葛藤は表面上ない一方で，周囲から望まれる自己と自身の望む自己との統合が困難になっていき，挫折を機に，見通しのないまま混乱する。そして，相手の思いがけない態度に接するなどして，必死で覆い隠そうとしていた危い自己が露見しそうになって恐慌反応が生じ，重大事件に至る。

いずれの型の少年も，日常生活のなかで疎外され，孤立している状態を感じつつも，自己の流儀や自己イメージに固執して柔軟に対応できずに不満や怒りや被害感を強めていく。成長にともなって遭遇する多様な状況にうまく対処できないまま，困難に遭遇するたびに感情を抑制して，一時しのぎするうちに，ついには危機に至るのである。

Column ③

佐世保・小6女児殺害事件―自己顕示としての殺人―

「女児にとって交換ノートやインターネットが唯一安心して自己を表現し，存在感を確認できる『居場所』になっていた」（産経新聞, 2004）。

2004年6月1日，長崎県佐世保市内の小学校において6年生の女子児童が同級生女児にカッターナイフで首を切られ死亡した。同年9月15日，事件に対する家裁の審判判定が下った。長崎家裁佐世保支部は，「確定的殺意を抱き，計画的に殺害行為に及んだ」と認定。女児を児童自立支援施設に送致の保護処分を決定した。

翌日朝刊の新聞各紙は次の見出しを先頭に審判概要を伝え，問いかけた。

〈子どもたち，どう目配り―女児と両親審判で涙「虚実の区別」更正の鍵，「育てやすい」誤解〉（朝日新聞），〈女児尋問に涙―共感の心，育たぬまま〉〈“問題ない子”暴発，大人から見えず〉（毎日新聞），〈普通の子『なぜ』残し―命奪った実感なし〉（読売新聞），〈長崎の女児殺害，小6，自立支援施設に送致―家裁決定，強制的措置2年間，「希薄な死のイメージ」解明を〉（産経新聞）。

自己を形成する重要な発達課題を抱える前思春期に起こった事件をどのように考えればよいのだろうか。女児に精神疾患は認められずという審判判定は，このような事件が今後誰にでも起こりうる可能性を示す。審判判定では，要因の1つに，加害女児が開いていたホームページへの侵入をあげた。ホームページに被害者が反論を書き，女児はそれを自らの居場所への侵入ととらえ，敵意が殺意へとつながったという。

筆者は，女児の唯一の居場所がホームページであったことに衝撃を受けた。ある日，女児が図書室で読書の邪魔をする男児に暴力をふるったという。以来，子どもたちから少しずつ距離を置かれた女児は，疎外感や孤独感を抱き，ますます自己の居場所を求めホームページにのめり込んでいったのではないだろうか。

孤独や疎外感は，ときに人を追いつめ，攻撃へと向かわせる（宮下, 2001）。人はつながりを求めてそれが得られなかったとき，つながりを求める自己を示す手段として殺人を選択することがあるのかもしれない。「これが自分の居場所だ」と感じる集団に少年たちは今所属しているだろうか。もし少年たちが，単に所属するのみで心理的なつながりを何ら実感できない成員性集団のなかのみにとどまっていたならば，自己を確認することもなく，自己を形成する課題に直面せざるを得ないだろう。自己を評価し，受け入れてくれる人がいる居場所，すなわち自己を価値づけ，関連づける準拠集団をもつことは，少年の発達に不可欠である。地域社会が崩壊したといわれる現在，どこにも居場所がなくさまよっている少年たちに対していかに居場所を提供するのか，われわれ大人の責任が問われている。

第3節

殺人行為の意味

本節では，殺人行為の意味について多面的に検討する。「殺人行為の意味」という言葉は漠然としているが，人間がどのような動機から殺人行為を行うのか，すなわち動機論の視点から考えてみる。動機は殺人行為が行われる以前に生じ，それが原因もしくはきっかけとなり殺人行為が遂行される。

1 殺人行為の意味としての「動機」

本項では，最初に犯罪白書をもとにわが国における殺人の現況について概観したのち，臨床的プロファイリングにみる殺人の動機とコリン・ウィルソンにみる動機なき殺人という2つの観点から動機について考えてみたい。

1――犯罪白書にみる殺人の現況

まず，犯罪白書（法務省法務総合研究所, 2004）をもとに，わが国における殺人の現況について概観する。殺人件数（未遂を含む）は，1975年ごろから2,000件前後で推移し，1980年代前半の1,700件前後を経て急落し，2000年以降は，1,200件から1,400件前後で横ばい，ないし微増傾向が続いている（平成15年は1,452件）。殺人・殺人未遂の検挙率は，94%から98%という世界でもまれにみる高率が維持されている。また，強盗殺人・強盗致死の検挙率は，1992年から2001年にかけて75%以上を保っており，殺人・殺人未遂同様，高い検挙率が維持されている。強盗殺人・強盗致死では，金品強奪を目的とする利欲殺人が多いが，犯行発覚や逮捕を免れるために被害者の口を封じる隠蔽殺人も少なくない（影山, 1999）。

殺人の面識率は，85%から90%の高率で安定している。わが国における殺人は，怨恨など人間関係のもつれを契機としたものが中心である。被害者に対する個人的な動機が比較的はっきりしている犯罪が多く，いわゆる無差別殺人やゆきずり殺人はまれである。このことは，米国では都市部の殺人発生率が農村部より高いが，わが国では都市部よりむしろ農村部のほうが高いことからも明らかである。わが国では，殺人は顔見知りの犯行である確率が高いのである。

面識率のある者には親族も含まれており，殺人は犯罪の中でも被害者の親族率が最も高い罪種ともいえる。多少の起伏はあるが，おおむね40%台で推移している。ちなみに，平成15年では，親族などが42.1%，親族などを除く面識ありが42.8%，面識なしが14.6%，その他が0.5%であった。

このように犯罪白書からみる限り，わが国の殺人は，利欲や口封じ，人間関係のもつれといった了解が比較的容易な動機によって行われるケースが多いのである。

2――臨床的プロファイリングにみる殺人の動機

これに対し，われわれの好奇の目は猟奇的な殺人や非常にまれな殺人の動機に向きがちである。こうした特異な事件に示される犯人の心理を，臨床心理学的・精神病理学的側面から理解する手法が，FBIによって提唱された臨床的プロファイリングである。米国におけるプロファイリング事例の多くは，連続殺人，大量殺人，性的動機をもった殺人，オカルト関連および儀式的犯罪である（Holmes & Holmes, 2001）。通常の殺人は除かれており，捜査経験や精神分析学をベースに，事例分析が行われる。ここでは，連続殺人と大量殺人を例に殺人の動機についてみてみよう。

連続殺人をFBIでは，「3件以上の殺人事件を犯し，その1件と1件との間に感情的冷却期間のあるもの」と定義している。連続殺人犯の心理構造は，性格と体験との独特の絡み合いから成り立っている。ホームズらは連続殺人犯を次の4つの型に分けている（Holmes & DeBurger, 1988; Holmes & Holmes, 2001）。動機を中心にその特徴について概観する。

①幻覚型（visionary type）：幻視，幻聴によって支配，影響され犯行におよぶ。精神病者による犯行が多い。たとえば，ジョセフ・ケイリンガーは若いころ，チャーリーという生首から世界中の人を殺すよう命令を受け，その後，近所に住む少年，さらに自分の息子，最後に若い看護学生を殺した。

②確信型（mission-oriented type）：ある種の集団，人種，売春婦，老人などを社会から抹殺するのが使命であるとの確信から犯行に至る。たとえば，ジュアン・チャベズは，米国でのAIDSの蔓延を防ぐために，同性愛者ばかり5人の男性を絞殺した。

③快楽型（hedonistic type）：殺人からある種の快楽を得る。人肉食，バラバラ殺人，死体性愛など性的倒錯もこの型の連続殺人において発生しやすい。この種の殺人犯の重要な関心は被害者の死そのものである。殺人犯の目的は，性的満足や力の獲得ではない。殺人行為自体が究極的目標で，すばやくしかも被害者の対応とは関係なく行われる。たとえば，ジェリー・ブルードスは，服装倒錯者でハイヒールにこだわりがあり，自分の妻や被害女性にこの靴を履かせ，写真を撮影しアルバムに保存していた。そして，犠牲者の足を切断し，冷蔵庫に保存し，性的興奮物として使用していた。

④権力・支配型（power/control-oriented type）：弱者を支配し，力を誇示するための殺人である。この種の殺人は，権力・支配を欲求する連続殺人犯に典型的にみられる。この型の犯人は，あらかじめ殺人行為の筋書きをもっていることが多く，殺害実行前に吐くべき言葉，演じるべき行為を計画していることがある。そして被害者が死亡してからも計画的な行為が継続される。死体性愛的サディストの犯行は，ほぼ共通してこの種の殺人である。たとえば，テッド・バンディは16歳ごろから逮捕されるまで，少なくとも33人の若い女性を殺した。彼は被害者たちに性的暴行を加えながら，他者の運命をこの手に握っていることに快感をもっていた。

一方，大量殺人は，一度に2人以上の人間に対し，殺人もしくは殺人未遂がなされたすべての事例をさす（影山，1999）。大量殺人の犯人には，不満の発散や復讐などの激情から犯罪を行う場合が多い。また，被害者が自分の身内である家族殺人のうち，家族構成が多い場合にも大量殺人になりうる。こうしたケースでは，愛他的動機による無理心中や拡大自殺が中心となる。

わが国では，こうした大量殺人が占める頻度は1％以下である（影山, 1999）。諸外国でもその割合は1割以下である。わが国では，1970年前後の連合赤軍など左翼過激派によるリンチ事件やビル爆破事件，あるいは，オウム真理教による松本サリン事件や東京地下鉄サリン事件など，政治・宗教団体による組織犯行がこれにあたる。こうした組織犯行の中には，指導者に認められることを目的とした，弟子型殺人も含まれる。また，わが国において著名な大量殺人に津山事件がある。これは横溝正史の『八つ墓村』のモデルになった事件である。昭和13年5月21日未明に岡山県津山市郊外の集落で，全戸数23戸中12戸，全人口111人中，即死28名，重傷死2名，重軽傷3名の被害があった。3時間足らずの時間に，日本刀と猟銃で殺傷を行い，自身も猟銃で自殺した。犯人は，村民全体に対する被害妄想を形成し，犯行に至った。

3――コリン・ウィルソンにみる動機なき殺人

コリン・ウィルソンは，博覧強記なイギリスの文芸評論家である。『アウトサイダー』で著名であるが，彼はアウトサイダーによる殺人に興味をもつ。飲み屋でのけんか，家族の争い，突発的な暴力といった99％の殺人に興味はなく，残り1％のうち実存哲学の立場から犯人の心理について洞察を得ることができる事件のみを分析対象としている。この点において，彼の扱うデータはきわめて偏っているが，示唆に富むものともなっている。『殺人百科』（Wilson & Pitman, 1961）には，15世紀から1960年までの欧米の著名な事件が300件以上収録されている。また，『現代殺人百科』（Wilson & Seaman, 1983）には，それ以後の約20年間に起こった100以上の事件が収録されている。

ウィルソンは，ニーチェやフランスの実存哲学者の思想，ドフトエフスキーやカミュといった文学者の作品を引き合いに出し，殺人について論じる。たとえば，ドストエフスキーの『悪霊』に登場するスタブローギンは，自分が自由意志をもっていることを証明するために罪を犯す。こうした殺人は無意味な人生をダイナミックにするもの，空虚な人生の劇化であるとウィルソンは考える。『罪と罰』のラスコーリニコフの老婆殺人は自己確認のための殺人である。カミュの『異邦人』のムルソーは，通常の生命の価値に無関心だった。彼にとって生きることは大部分が退屈な形式的手続きだった。ムルソーの殺人は，実存的フラストレーションからの殺人といえる。

ウィルソンは，この種の殺人者に欠けているのは，生命の価値に対する認識だと考える。一例として，エドガー・エドワーズの犯罪をあげている。エドワーズは，通常の生命の価値に無関心だった。生きることは大部分が退屈な形式的手続きだった。そういう男にとって，人生は趣味のよくない茶番劇である。殺人の後，彼は静かに暮らしていた。彼はただ干渉されないことを望んだ。罪が彼の良心をさいなんだとは思えない。罪を犯すことによって，彼は人生にあるいはただ社会に復讐をしていた。

こうしたウィルソンの視点に立つとき，20世紀で目立つのは，一種の退屈が原因と考えられるセックス殺人とサディスティックな殺人である（Wilson & Seaman, 1983）。動機のない犯罪の増加は，魔術的思考の蔓延の反映でもある。魔術的思考とは，サルトルがいう思考形態であり，砂に首を突っ込もうともがく七面鳥のように，その目的を達成できるとは考えられない非論理的な思考を指す（Wilson & Seaman, 1983）。彼らは，ある思考過程にしたがって殺人を決意した自由な個人である。ただ，その思考過程が魔術的であるため彼らは殺人者となる。

動機のない殺人犯の多くは，知的水準が平均または平均以上であるが，犯罪の無分別さから多くの場合そのようにはみえない。たとえば，チャールズ・マンソンがこれにあたる。彼は，社会が自分を不当に低くしか評価してないと感じていた。負の自己イメージをもっており，これが彼を客観的には対象のない怒りへと駆り立てた。彼は，ブルジョワという「豚」や自分にふさわしい成功を与えようとしない人々に対し，激しい憤怒をつのらせていった。マンソンと彼の仲間が犯した殺人の背後にある動機は，黒人と白人の間で人種戦争を引き起こすという信念だった。マンソンのネオ・ファシスト的思想は，魔術的思考だった。彼は，権力に敵対していたが，その権力の具体的内容は幻影に過ぎなかった。マンソンと彼の犠牲者の間に，実際的なつながりはなかった。

2 動機論を超えて

ここまで殺人には動機が存在する，あるいは，動機が存在しないという観点から殺人行為の意味について検討してきたが，そもそも「動機」なるものは本当にとらえることができるのだろうか？

本項では，前項で前提としてきた動機という概念が抱える問題について検討する。最初に，動機が人々にとって受容可能な物語に過ぎないのではないかという批判を紹介する。次に，進化心理学による殺人行為の説明を紹介し，説明の水準と代替可能性の問題について検討する。そしてさらに，多水準・多次元的な殺人行為の説明へと展開していきたい。

1――受容可能な物語としての動機

実際に人を殺す際には，「人を殺す」という将来の行為に意識が焦点化され，その時点では，行為の原因や意味に目が向けられていない可能性がある。殺人行為を行う時には，動機は意識にのぼっていないかもしれない。

動機は基本的に，殺人あるいは殺人未遂を犯してしまった人に，事後的に聞くことにより明らかになる。これは，殺人を犯した人自身が，過去を振り返り，殺人という自分が犯した行為の意味や原因について考える作業である。あくまでそれは自身の解釈である。動機が解釈によって明らかになるという枠組みは，他人が動機を明らかにする際も変わらない。

そう考えると，動機とは因果的解釈であって，自然科学的な意味での因果関係ではない。このことは，殺人事件の報道姿勢に顕著に現れている。殺人事件報道の基盤にある人間観は，「人間の心のなかには，動機という人の行動の根拠となるものが存在する」「人間は，明確な動機がまず先行し，それによって行動する」「その動機とは，文章という形で陳述できるような明解なものである」というものである（矢幡, 2002）。しかし，矢幡が指摘するように，これは実態にほど遠い人間観である。動機は行動に先立って個人内に明確に存在するものではないだろう。文章のような形で表現されるレトリックとしての動機（土井, 1994）は，後から案出された可能性がきわめて高い。

矢幡は，文京区お受験事件，佐賀バスジャック事件，池田小学校児童殺傷事件にこうした構図を見いだしている。そこでは，殺意は記憶の想起や空想と同時進行で醸成されたのであり，独立した思考内容としてまず存在し，その成立によって殺人に至るプロセスが開始されたわけではない。

したがって，殺人の動機とは，それが起こった後に，その行為を１つの意味ある連鎖のなかに位置づける一種の「物語」である。それは，犯行が終わった後の長時間にわたる取調べ過程において，取調官とのやりとりという共同作業の結果，練りあげられ，つくりあげられた物語である。

そうなると，動機の真実性を評価する基準は，社会が受容しうる物語であるかどうかによることになる。動機は，了解可能であると社会に受容されるとき，真実とみなされる。今この「社会」を「ある学問分野」という言葉に置き換えてもその構図は変わらない。われわれは受容可能な物語のセットをもっており，殺人行為もその１つとして解釈しようとする。そして，そのような解釈が可能なとき，「もっともらしさ」という感覚が生じる（矢幡, 2002）。

殺人者の動機に関する真実性の基準は，科学的に真か偽かを判断する基準とは異なる。それは「受容可能な物語かどうか」という基準であり，「意味の流れの首尾一貫性」や「殺人者自身の行動とおおよそ合致した説明が可能であること」であり，「日常世界の秩序の範囲内で，解釈と受容が可能であること」なのである。取調べや法廷など，犯行後に行われる数多くの対話的プロセスのなかで，殺人事件は動機を中核とした物語へと練りあげられてゆく。

2――進化心理学による殺人行為の説明

殺人行為を動機という水準ではなく，より高次なレベルで説明を試みる学問に進化心理学がある。進化心理学は，ダーウィンの自然淘汰による進化の理論に基づいている。進化心理学は，ホモ・サピエンスという動物が，どのような心理的メカニズムを進化させていると考えられるかに関する仮説やモデルを構築することを目指している。進化心理学が問題とする遺伝子の継続性（適応度）は，直接的な意味で「目的」や「動機」ではない。進化理論において適応度が果たしている役割は，心理学において自尊心や動機づけが果たしている役割とは異なる。

自然淘汰の概念が行動を説明するのは，ある特定の水準においてであり，それは動機づけの理論がそうであるのと同様である。２人の男が相手を殺しかねないほどのケンカをしている行動の説明として，心理学者は自尊心，社会的地位，面子といった概念で説明し満足する。これに対し，進化心理学者は，なぜヒトの心理は，そのような実体のない社会的資源に対し死の危険を冒すようにできているかを知りたいと考える。動機づけ理論は進化理論と異なる水準の説明に焦点をあてているが，だからといって，進化心理学を無視してかまわないことにはならないと，進化心理学者は考える。

一例として，デイリーとウィルソン（Daly & Wilson, 1988）は，血縁と殺人行為の関係について次のように論じている。遺伝的な血縁者どうしの間には，本質的に利益の共有があるため，彼らどうしが殺しあうことはきわめて異常であると考えられる。デイリーらは，1972年に米国デトロイトで発生した殺人事件のデータをもとに，殺人の多くが家族内の出来事ではないことを示した。さらに，家族内でも，真の血縁者どうしは，他の親しい非血縁者どうしに比べ殺人の危険性がずっと低いことを明らかにした。言い方を換えれば，遺伝的血縁度が高くなるほど，人々は共通した利益をもつ傾向がある。こうした縁者びいきの行動への影響はたいへん大きく，それは対人関係の葛藤をやわらげるのである。

また，殺人のなかで最も多い種類の殺人，すなわち，非血縁関係にある男性どうし，特に，将来の見込みのほとんどない若い男性が，危険な社会的競争をエスカレートさせることで生じる殺人についてもデイリーらは分析した。そして，性淘汰の理論に基づき，若い男性を取り巻く状況や人生の見込みが，自分の地位や資源，女性を獲得するために若い男性が暴力を用いる度合いを予測する変数であることを明らかにした。

3——多水準・多次元的な殺人行為の説明

殺人が行われる理由はいくつも考えられる（Daly & Wilson, 1988）。暴力的な人々は，子ども時代に自分自身が暴力的に扱われたのかもしれない。社会的な不公正があるため，羨望に取りつかれたのかもしれない。処罰が軽すぎるからかもしれない。脳腫瘍，ホルモン異常，アルコールによる精神異常かもしれない。テレビの暴力番組のせいかもしれない。

これらの理由はいずれも，そこから一般的に検証可能な仮説を引き出すことができる。たとえば，殺人者群を非暴力的な対照群と比較し，生理学，パーソナリティ，育ち方などについて客観的に計測可能な差があるか否かを調べることができる。また，国や都市ごとに殺人発生率が異なるのは，特定の文化的，あるいは人口学的要因と関連していると考え，疫学研究を行うこともできる。実際，そうした研究は山のようになされている。たしかに，それぞれの仮説やモデルには何らかの真実が含まれている。

しかしながら，これらの仮説のほとんどは，代替仮説と比較できるような形で検証されることはない（Daly & Wilson, 1988）。それぞれの仮説やモデルは，何らかの経験的証拠によって支持されたり反証されたりはする。しかし，他の仮説の妥当性についてはわからないままである。ある説明では，殺人という行動を動機づける感情が何かを示そうとし，別の説明では，発達上の問題点を探そうとする。ある研究者は人の行動を罰と報酬の点から説明しようとし，他の研究者はアンドロゲンやエンドルフィンをもち出す。どれもが，殺人行為の意味の一部を説明しているにすぎない。

これは，これまで検討してきた動機による説明が一種の物語であること，および進化心理学のように動機論とは異なる水準の説明が殺人行為の説明として可能であることと関連している。殺人行為は，動機にとどまることなく，もっと多様な説明が可能なのである。それでは，この問題をふまえた上で，殺人行為をどのように説明すればよいのか。ここでは，多水準・多次元的な殺人行為の説明を紹介したい。まず，多水準の説明とは，進化心理学による説明と動機による説明の関係のように，水準が異なる記述をさす。その際，上位水準の説明と下位水準の説明との関係に留意することが大切である。次に，多次元的な説明であるが，他の犯罪と同様，殺人行為も生物学的－心理学的－社会経済的（bio-psycho-social）という3つの次元にかかわる因子に大別してとらえることが可能である。以下，これら3つの次元にかかわる因子について概観する。

(a) 生物学的因子（生物因論的説明）

生物学的因子としては，まず精神障害があげられる。平成15年に殺人で検挙された1,456人のうち，精神障害者は58人，精神障害の疑いのある者は64人で，殺人全体の8.4%を占めていた。内訳は，統合失調症，躁うつ病，覚せい剤中毒，知的障害，アルコール中毒などであった（法務省法務総合研究所, 2004）。このうち，統合失調症者の犯行では，幻覚や妄想，衝動と結びついた殺人や放火が指摘されている（影山, 1999）。また，うつ病は，既婚女性による拡大自殺と関連している。一方，躁病では殺人や放火などの重大犯罪はまれである。その他に特徴的なものに，パラノイア（妄想病）がある。妄想の内容や主題は誇大的，血統や家系に関したもの，恋愛的なものまで多彩であるが，被害妄想上の加害者に対し，復讐を試み，殺人に至るケースもある（影山, 1999）。

また，脳の異常に殺人の原因を求める立場もある（福島, 1997, 2003）。福島は，精神鑑定50例の脳所見を整理し，2人以上を殺した殺人者や殺人以外の重大犯罪の加重した殺人者（強盗，強姦，身代金目的誘拐，死体損傷を伴う殺人者）からなる重大殺人者群と，1人しか殺さない単純殺人や殺人以外の犯罪者からなる対照群とを比較し，脳の異常所見（血管障害，奇形，外傷痕，脳波異常など）が，対照群（35%）と比べ重大殺人者群（85%）に有意に多いことを明らかにした。これに対し，ホームズとホームズ（2001）は，生物学的異常については，脳震盪であれ脳の化学的不均衡であれ，いかなる脳の障害であっても人格全体を説明するものではないと主張する。脳の異常は，殺人行為を説明するさまざまな因子の1つに過ぎないと考える。この立場からみると，福島の研究は原因と解釈を混同する錯誤に陥っているといえる。

(b) 心理学的因子（心因論的説明）

前項で検討した動機論の立場は，心理学的因子を重視した立場ともいえる。犯罪白書によれば（法務省法務総合研究所, 2003），殺人の動機は，①利欲目的，②性的動機・痴情，③報復・怨恨，④憤懣・激情，⑤口封じ，⑥検挙逃れ，⑦暴力団の勢力争い，⑧その他の8つに分類される。これらは心理学的な意味での殺害理由である。なお，こうした統計は，警察庁が集めたデータであり，基本的に取調官の解釈に基づいている。

(c) 社会経済的因子（社会経済因論的説明）

貧困，戦争，宗教，民族，政治といったことが社会経済的因子として考えられる。たとえば，アーチャーとガートナー（Archer & Gartner, 1984）は，暴力と殺人の（日本を含む）国際比較を行い，一般に戦争の前後で殺人率が変化し，戦後の殺人率は程度の差はあれ，有意に増大することを明らかにした。また，参戦国群は，非参戦国群に比べ，戦後の殺人率が戦前より上昇していた。こうした現象は，国家による暴力を見本として暴力や攻撃性が模倣されるという，一種の社会的学習としてとらえることも可能である。この点において興味深い現象は，1960年代以降，わが国において青少年の殺人率が急速に減少している事実である。先進国の中でも例外的な現象である。2002年の殺人発生率（人口10万人あたりの認知件数）は，米国5.6，フランス4.1，英国3.5，ドイツ3.2，日本1.2であった。この原因について影山（1997）は，戦争体験の欠如による暴力的攻撃性全般の低下（特に男性）を仮説として提示している。

ただし，悪しき近隣環境，経済的ストレス，不安定な家庭，文化における暴力表現などが直接連続殺人犯や大量殺人犯をつくりだすわけではない。社会的ストレスの最も悪い組み合わせに遭遇した集団から，ごく少数の者が犯罪に走り，さらにその一部が殺人を行うのである（Holmes & DeBurger, 1988; Holmes & Holmes, 2001）。

3 青少年による殺人行為の意味

本項では，前項までの議論をふまえ，青少年による殺人行為の意味について検討する。犯罪白書によれば（法務省法務総合研究所, 2004），20歳未満の少年による殺人事件の数は年間100件程度である。平成15年に殺人で検挙された少年の数（触法少年を除く）は，男子82人，女子13人，合計95人であった。触法少年については，平成13年の10人を除くと，昭和41年から平成15年の37年間 0 人から 6 人までと低いレベルであった。ちなみに平成15年は 3 人であった。

このように少年非行の中でも殺人はまれな非行と位置づけることができる。1980年の「金属バット両親殺害事件」（神奈川県川崎市），1988年の「女子高生コンクリート詰め殺人事件」（東京都足立区），1992年の「一家 4 人強盗殺人事件」（千葉県市川市），1997年の「連続児童殺傷事件」（兵庫県神戸市）などは突出した特異な非行少年（生島, 2003）による殺人事件であり，少年非行の凶悪化とむやみに一般化するのは危険である。成人の殺人行為と同様，多水準・多次元的な説明が必要とされる。

こうした少年による殺人を説明するさまざまな試みがこれまでなされてきた（Holmes & Holmes, 2001）。たとえば一部の研究者は，てんかんや脳波異常や大脳辺縁系障害といった重大な身体的問題を抱えた少年たちを診察するなど，生物学的，医学的アプローチを試みたが，殺人行動の完全な説明には至らなかった。殺人行動を心理学的に制御する方面の研究を行った者もいるが，こうした制御法もまた殺人に至る行動を把握するためには不的確であった。おそらくここでも，多水準・多次元的な説明が必要とされるだろう。特に，少年非行においては発達臨床的な側面は重視されるべきである。幼児虐待，家族構造の変化，適切な役割モデルの欠如，凶器への接近の容易さ，指導性の危機，薬物とアルコール使用の増大，貧困の中での養育といったさまざまな因子についても考慮する必要がある。

殺人は非常に忌むべき行為であるため，客観的分析が難しく，価値判断に過ぎないことが，あたかも「説明」であるかのように語られることが多い(Daly & Wilson, 1988)。たとえば，少年による不可解な殺人が発生すると，マスコミや評論家はしばしば，少年の親の養育態度にその原因を求め，あたかもそれが殺人行為の客観的な原因であるかのように説明することがある。しかしながらそれは，道徳的な価値判断や偏見が形を変えたものに過ぎないことが多い。

殺人行為の意味について考える際には，「価値判断」と「説明」や「解釈」との違い，また，「説明」や「解釈」と自然科学的な「因果関係」との違いをはっきり認識しておく必要がある。また，説明や解釈をする際には，多様な説明や解釈の中からある解釈を選び取っていることに自覚的でありたい。ある事例について因果的な説明がなされたとしても，それはけっして自然科学的な因果関係が明らかにされているわけではないことを自覚した謙虚な態度が必要であろう。

Column ④

動物に学ぶ攻撃のコントロール法

「同じ種で殺し合うのは人間だけである」とはエソロジーの始祖ローレンツ（Lorenz, K.）の言葉である。彼は，その著書『攻撃—悪の自然誌』のなかで，動物に生得的に備わっている攻撃のコントロール法について論じている。動物の攻撃本能は，種の維持と進化にとって不可欠であるのだが，同じ種内で殺し合うと，自らの種にとってマイナスとなる。そこで，敗者を死に至らしめない攻撃抑制機構を生得的に備えた。敵に対し負けた場合，勝者に対し，「まいった！」のサインとして自分の最も弱い部分を相手に差し出すという。たとえば，犬や狼は自分の首を差し出す。勝ったほうはそのサインを自分の威嚇に対する屈服として受け入れ，「噛むしぐさ」を返し，それ以上の攻撃は行わない。動物たちは，威嚇や屈服の身振りなどを示すことにより攻撃の儀式化（ritualization）を行い，互いが殺し合うのを防ぐ。ローレンツは，このような動物の威嚇—屈服の一連の儀式化された行動によって，攻撃が抑制されることを見いだした。このメカニズムを説明する概念が生得的解発機構（innate releasing mechanism）である。彼は，動物の観察から導き出された攻撃のメカニズムを人間に適用し，人間もまた生得的に攻撃を行う動物であると位置づけた。人間にも攻撃本能が動物同様にある。しかし，コントロールする解発機構をもたないがゆえに，殺し合いにまで発展するのだという。

人はその代わりに言葉をもち，モーセの十戒による「汝殺すなかれ」，仏教の五戒による「不殺生戒」の倫理を打ち立て，教育の力で攻撃をコントロールする知恵の蓄積を行ってきたのだろう。しかし，倫理が攻撃を抑制しないことは，多くの犯罪・非行事例が実証している。倫理を学んだとしても，それを十分に内面化できず，攻撃をコントロールできないまま非行に陥る少年たちが多い。近年，このような少年の共通特性として，自己の行動結果について実感をもって深く悩み，反省する能力，すなわち「抑うつに耐える力」の欠如があるという。それは，少年たちがこれまで葛藤を抱える力を培ってこなかったためだという（河野, 2003）。どこまで攻撃をし，どのあたりで仲直りするか，こうした対人スキルは実体験なしには学びにくい。そこでの親密な経験が，自己や他者の感情を深く知る手がかりとなるだろう。かつて少年たちは，遊びやきょうだい間のやりとりのなかでこのスキルを身につけてきた。今，少年たちはスキル不足のまま，人間関係の葛藤と向き合わざるを得ない状況にある。だからこそ，少年たちが自らをコントロールし，確固とした自己を確立するために，とことん悩むことで真に深く自己や他者と向き合うことが必要である（河野, 2003）。そのためにも，彼らを包む豊かな人間関係構築への支援が求められる（白井ら, 2000, 2001）。

Column ⑤

動物虐待と殺人

昨今，動物虐待と殺人の関係がクローズアップされた背景には，①社会の耳目を集めた凄惨な非行の加害少年に，猫などの小動物を殺傷する経歴があったと報道されたこと，②世に流布した「行為障害」の診断基準に動物に対する残虐行為が含まれていたことの2点があると思われる。たしかに，アメリカ精神医学会の診断手引き（DSM-Ⅳ-TR）では，他者の所有物の破壊，嘘，重大な規則違反等に加えて，動物虐待が診断基準の一項目として掲げられている。また，連続殺人犯に関する回顧的な研究において，彼らの子ども時代にかなりの高率で動物虐待歴が認められ，児童期の動物虐待が後の対人的な攻撃行動につながるとの報告も数多くなされている（Merz-Perez & Heide, 2004）。こうした事情もあって，後の凶悪犯罪に至る徴候として，動物虐待がメディアに取り上げられていたように記憶している。

実際に，非行少年との面接場面で，動物虐待が逸話として出てきたことはさほど多くはないが，じつは意外に多いのかもしれない。筆者が自らかかわった少数の事例では，典型的な粗暴犯よりも，むしろ性犯や放火犯との面接で感じたものと近い印象を受けたように思う。小動物への虐待で，日ごろのうっ屈した感情を発散したり，支配欲の充足を図ったりしようとするが，思うような満足は得られず，しだいにエスカレートし，弱者への攻撃行動につながるというパターンが想定される。「暴力は嗜癖化し，同じ効果を得るためにしだいに大量の暴力を用いなければならなくなる」（中井, 2004）がゆえであろう。

ただし，いちがいに動物虐待といっても，いたずらで昆虫を踏み潰す行為からペットの殺傷まで幅広く，一過性のものから慢性のものまで態様も背後の機制もさまざまである。動物虐待を後の重大な非行・犯罪につながるリスク要因としてとらえ，早期介入に実効性をもたせるのであれば，その対象を明確にする作業が必要となってくる。具体的には，頻度，期間，動物の種類，被害の深刻さ，傷つけた動物への感情，単独行動か否か，隠蔽行動の有無などの項目に加え，動機の面でも「他者を思いどおりにコントロールする」「代償的な攻撃欲求の発散を図る」「周囲の人々を驚かせて楽しむ」「動物が苦しむ姿に嗜虐的な楽しみを見いだす」（Felthous & Kellert, 1987）など種々示されており，おのおので病理性のレベルも異なるだろう。欧米では，半構造化面接や自己報告式の質問紙から成るCAAI（Ascione et al., 1997），CABTA（Guymer et al., 2001），CAI（Dadds et al., 2004）といった査定ツールが開発されており参考になる。

なお，1つの暴力には他の暴力が付随することが多い。動物虐待と家庭内での被虐待体験との関連性も指摘されており，この点からも早期介入が望まれる。

第2章

青少年の殺人の実態とその内容

第1節

青少年の殺人の実態

1 はじめに

1997年に神戸市で起こった14歳の少年による「連続児童殺傷事件」を皮切りに，少年による凶悪犯罪が立て続けに起こった。これらの事件がマスコミを通して大々的に報道されたこともあって，青少年の犯罪は国民的な関心を集め，社会問題化した。

実際に凶悪な青少年の犯罪が増えているのかという点については，識者の間でもさまざまな見解があるが，凶悪化が強調される傾向にあるマスコミ報道の影響もあって，「今の若者は理解できない。何をするかわからない」という漠然とした危機意識が大人社会全体に広がっているように思われる。特に，少年事件の場合，その法的性質上，社会に向けて開示される情報が少なく，正確な実態がつかめないことも，人々の不安や想像をかき立て，現実から遊離した不気味な少年像がひとり歩きしていくことにつながっているのであろう。

殺人は人の生命を意図的に奪うという最も重大な犯罪である。世間の耳目を集める青少年の犯罪もその多くが殺人である。本節では，統計的なデータを参照しながら，青少年の殺人の量的推移をたどるとともに，過去の研究を概観し，殺人を行う青少年の特徴について，臨床上得られた経験もふまえて検討したい。

2 青少年の殺人の推移

戦後の少年犯罪には，1952年をピークとする第1の波，1964年をピークとする第2の波，1983年をピークとする第3の波があることはよく知られている。非行の一般化，低年齢化がいわれ，初発型非行の増加を特徴とした第3のピークが到来した後，検挙人員は減少を示していたが，1996年ごろから再び増加に転じたことをきっかけに，第4のピークを迎えつつあるといわれていた。しかし，その後さほどの伸びは示さず，ここ数年は頭打ちの状態が続いている。

一方，殺人に注目すると（図2-1），少年刑法犯全体の検挙人員の推移とはかなり異なった動きをたどっている。1960年ごろには年間400件を超えていたが，1970年ごろから急速に減少し始め，少年非行の第3のピークの1983年には87件，神戸の連続児童殺傷事件が起き，少年非行に注目が集まり始めた1997年は75件であった。最近の状況をみても，大騒ぎするほど件数が増加しているわけではなく，統計に表れた数値とマスコミ報道の与える印象との間にはかなりのギャップがあることがわかる。他の主要凶悪犯罪（強盗，強姦，放火）についても（図2-2），1996年ごろから強盗が増加しているものの，戦後の大きな流れの中でみれば，明らかに減少傾向を示している。

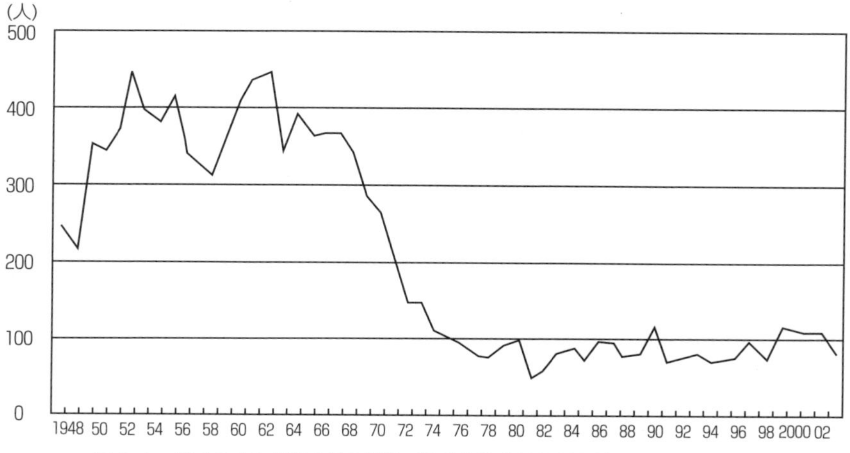

図2-1　殺人の少年検挙人員の推移（法務省法務総合研究所，2003より作成）

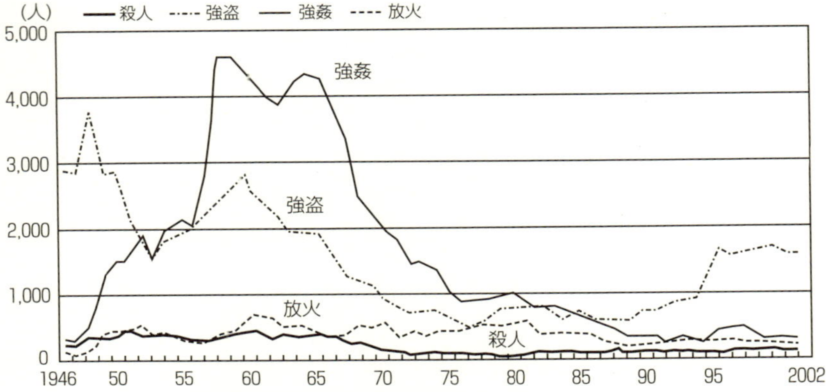

図2-2　凶悪犯の少年検挙人員の推移（法務省法務総合研究所，2003より作成）

田村（1983）は，若者の殺人がいちじるしく減少した要因として，家庭の中流化，子ども数の減少，教育期間の延長を背景に，保護的領域内にあって社会の荒波や人間関係のトラブルに巻き込まれずにすむ若者の割合が格段に増加したこと，家族や他者との人間関係の結びつきが弱まり，あえて殺人を犯すほどのしがらみが薄れたことなどをあげている。

長谷川と長谷川（2000）は，日本のように数十年間にわたって殺人率が一貫して低下している国は他に例がなく，特に20代前半の最も殺人を犯しやすいとされている年代の殺人率が激減し，10代後半の殺人率もいちじるしく低下したことが大きな特徴であると指摘している。そして，急激な高学歴化が進むとともに，戦後の経済繁栄のもと，生活が満ち足りるようになるなかで，対立的な人間関係を嫌い，リスクを回避する傾向が若者世代に広まっており，暴力化傾向よりも，むしろ精神的活力の低下のほうが懸念されるとしている。

3　青少年の殺人の特徴

一口に殺人といっても，個々のケースによってその態様は大きく異なり，いくつかの整理する枠組みをもって理解する必要がある。一般に単独犯の場合，資質面の偏りなど，個人の人格のマイナスの側面に関する要因の占める割合が大きくなり，集団犯の場合はメンバーどうしの対人関係や相互作用といった集団力動の占める比重が増してくる。また，被害者が誰であったのか（親族であったのか，知人であったのか，見ず知らずの他人であったのか）も重要である。

山口ら（1991）は，殺人事犯少年を問題行動歴や所属不良集団によって，普通少年，素行不良少年，暴力団関係少年の3つのグループに分けて分析している。それによると，単独での犯行が約9割を占めるが，非行性が進むほど共犯率が高くなる傾向があること，また，犯行動機については，素行不良少年と暴力団関係少年は，その場の激情に駆られてというのが多いのに対し，普通少年は圧力からの解放や混乱・暴発という動機が多かったとしている。中でも普通少年については，いじめを受けていたり，友人がいないなど，適応上の問題を有している者の割合が高いほか，欲求不満をため込みがちで，屈折・混乱した情緒状態に陥りやすいという特徴が共通して認められたとしている。

高桑ら（1994, 1995）は，少年の殺人事犯では，家族間の葛藤を背景とした親族殺が多く，特に父母が被害者となる割合が高いこと，経済的に恵まれない家庭の出身者が多く，親の監護能力が乏しいこと，学校適応の悪い者が多いことなどの特徴がみられたとしている。また，被害者が親族の群では，非行歴のある者は少なかった一方で，被害者が無関係の他人の群では，非行性の進んだ者が多かったと報告している。

殺人または殺人未遂の事件名をもつ50名の少年を調査した犬塚（1995）は，彼らの家庭では，父母間の深刻な不和・葛藤などの問題がみられ，生育歴上特別の問題行動がないと認められたのはごくわずかで，ほとんどの者が何らかの反社会的あるいは非社会的な不適応行動や心身の障害などを示していたと指摘している。そして，人格面の特徴として，抑うつ気分に支配されている者が多く，自信がなく自己イメージも劣悪で，自分を取り巻く状況にきわめて敏感であることをあげている。

家庭裁判所調査官研修所（2000）が行った「重大少年事件の実証的研究」では，少年による殺人などの重大事件について事例研究方式で検討が加えられている。そこでは，単独犯と集団犯に分けた上で，単独で事件を犯した少年たちを，①幼少期から問題行動を頻発していたタイプ，②表面上は問題を感じさせることのなかったタイプ，③思春期になって大きな挫折を体験したタイプの

3つに分けて考察しているが，共通にみられる特徴として，ほとんどの少年が，事件の直前に深い挫折感を抱いたり，追いつめられた心境になっていたと指摘している。また，観念優位の思考が目立ち，ものごとを多様な視点から検討できず， 現実的な問題解決能力が乏しいこと，他者の気持ちだけでなく自分の気持ちすらよくわからないなど，情緒面の育ちが弱く，言語表現力も乏しいといった資質面の問題が認められたとしている。

4 犯罪・非行臨床の現場からみた殺人

青少年の殺人について，統計データや過去の研究に基づいて，ごく簡単に概観してきたが，マスコミ報道が与える印象とは異なり，実際には，殺人も含めた凶悪犯罪が激増しているわけではない。また，不良交友関係や非行歴がなく，目立った問題が顕在化していないために，表面的には「普通」にみえていたとしても，殺人を犯す青少年，特に単独で事件を起こす青少年は，家庭環境負因が大きかったり，情緒面の発達の遅れやコミュニケーション能力の不足をはじめとした深刻な資質面の問題を抱えていたりする者が多い。

実務機関に勤務する立場上，世間の耳目を集める事例の情報にふれる機会を得ることもある。しかし，時代の病理を反映した特異な現象として取り上げられている事例が，古典的ともいえる家族間の葛藤などの問題を引きずっていることもあり，それほどその事例のみを重大視しなくてもよいのではないかと感じることも少なくない。また，一見了解困難と思える事例であっても，個々にかかわれば，それ相応の環境面の問題や，成育歴の中での傷つきが見えてくる場合がほとんどであり，何の脈絡もなく突然重大な犯罪が起こるということはまずありえない。実行行為に至るまでにはさまざまな要因が複雑かつ重層的にからまりあっており，それを解きほぐすためには，資質や家庭環境についての綿密な調査とともに，本人の主観的な認知を丹念に理解し，内的世界に迫ろうとする粘り強い努力の上に立つことが大切である。

犯罪は個人のパーソナリティのみに負うだけでなく，その時々の社会情勢を背景に生じたものであり，いたずらに過去の知識や経験に頼った既成の理解の枠組みを当てはめて，安易にわかったつもりになることは許されない。特に態様が特異であったり，動機が了解できにくい重大な犯罪については，時代の問題性を鋭く反映していることもあるだけに，詳細な分析や検討がなされる必要があるのはいうまでもない。しかし，事例の個別性を無視し，目を引く表層的な特徴だけを強調して取り上げ，それを青少年全体に起こっている現象として性急に一般化してしまうことは無用な混乱をもたらすものであり，慎重な対応が望まれる。一般化が可能なものとそうではないもの，時代によって変化しているものとそうではないものをしっかりと見きわめ，専門家が適切な情報を社会に伝達していくことが必要であろう。

第2節

殺人者が抱える内的問題のレベル

1 さまざまな要因の結果として殺人行為が生じる

いうまでもなくわれわれの行動は多くの要因が結びつき合った結果として生じるものであり，ある１つの原因から１つの結果が生じるといった単純なものではない。ことに犯罪は「文化や社会を映し出す鏡」といわれるように，器質的要因・生来性の気質・生育歴・家族関係・パーソナリティ・地域的要因・時代背景・文化的要因・現実場面の誘因などのさまざまな要因が複雑に絡み合った結果と考えられる。重大な犯罪の１つである殺人行為の成り立ちを理解するためにはこのような多次元的理解に基づいて立体的に眺めようとする姿勢が不可欠である。

そこで本節では，さまざまな要因のうち殺人者が抱える内的問題のレベルに焦点を当て，「状況に反応する形で起こる殺人」と「病理と結びついた殺人」に分けて考えてみたい。両者の関係を単純化し図2-3として示した。殺人はストレス状況やきっかけなどの外的状況要因と，自我の強さや精神病理などの内的要因とのバランスという視点からとらえることができる。ある個人の中で内的な病理要因が強い場合，外的状況要因がそれほど強くなくても殺人行為に至る可能性がある。一方，自我の健康度が比較的高く，内的な病理要因をあまり有していない人であっても，きわめて苛酷な外的状況要因の結果として殺人という行為が生じる可能性がある。

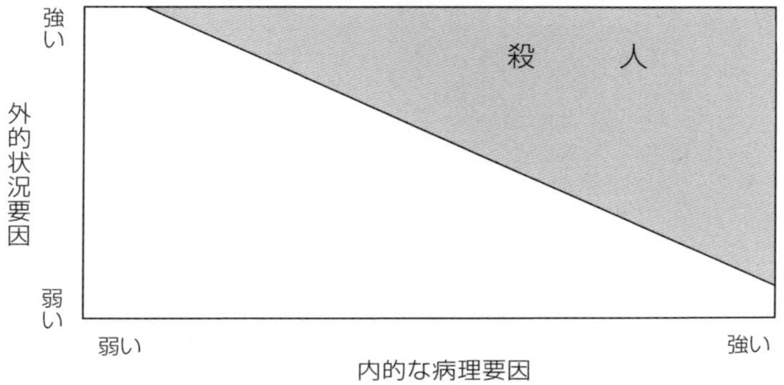

図2-3　内的要因と外的要因の関係

2 状況に反応する形で起こる殺人

善良なサラリーマンが，年老いた親の看病に疲れ果て，思いあまって殺してしまった。あるいは，子どもの家庭内暴力に長年悩んだ母親が，将来を悲観してその子どもを殺してしまった。社会適応もよく，前科や過去に大きな問題を起こしたことのない人が，ある日突然このような事件を起こしてしまうことがある。これはどのように考えたらよいだろうか。

殺人のうちのあるものは，個人内の精神病理により多く基づくというよりは，急性あるいは慢性のストレスといった外的要因にさらされた結果，その人の葛藤耐性能力を超え，心的苦痛に耐えきれなくなり，葛藤を回避したり解消する目的で生じると考えることができる。

このように外的な状況に反応する形で起こる殺人はコミュニティ心理学の「危機理論」（山本, 1986）を援用するとそのメカニズムが了解しやすい。危機理論は人が心的な危機（クライシス）に陥ったときの状況に関する理論である。①人は難問発生状況に陥ると心理的な苦痛が生じ，それまで培ってきた課題解決法（コーピング）を用いて，その苦痛を低減させようと試みる。②それでも解決できない場合危機状態となるが，さらに追い打ち的なできごと（結実因子）が重なり万策尽きると危機状態はより現実化し，極度の精神的不安定状態となる。③その時に新しい課題解決法（コーピング）を発見できるとより健康な平衡状態になり，発見できないと低次の平衡状態となる。

人間は万能ではない。どんな人でも苛酷な状況下では，多かれ少なかれ精神的にダメージを受け危機状態となる。平均的な自我の発達を遂げ，ある程度のコーピング能力や葛藤能力を獲得した人でも，ストレスが過度にかかり逃げ場のない状況に置かれると，精神的に追い込まれ心の安定を崩してしまう。その時さらにきっかけとなるような大きな打撃要因が加わると，その苦痛から逃れる手段としてやむなく殺人という行為に至ってしまうことがある。

危機状態に起因するこのような殺人の多くは初犯であり，特定の外的ストレス状況を回避し軽減することが目的であるので，当該の殺人が達成されるとその動機は解消し，再び殺人が行われる可能性は低くなる。

3 病理と結びついた殺人

一方，殺人のなかには状況に反応したというよりも個人内の精神的病理がより大きな役割を果たしたと考えられるものもある。内的病理要因を表層から深部に向かって，パーソナリティ・精神疾患・器質的問題にわけ，それぞれ概観する。

1――パーソナリティ

殺人などの重大な犯罪者とパーソナリティの関係では，まずシュナイダー（Schneider, K.）の「精神病質」をあげることができる。ドイツの精神科医シュナイダーは，パーソナリティのいちじるしい偏りを「精神病質」と名づけ10種類の精神病質的人格をあげた。そのうち，①意思欠如者，②発揚者，③自己顕示欲者，④爆発者，⑤情性欠如者，⑥熱狂者は，しばしば殺人犯のうちにも見いだすことができる。

また，操作的定義を採用することで現代精神医学的診断の主流となったDSM-Ⅳ-TR（American Psychiatric Association, 2002）では，犯罪者と関連の深い人格障害として「反社会的人格障害」という診断名を用意している。この「反社会的人格障害」は，社会規範への不適合・人を騙す傾向・衝動性・易怒性・無責任さなどの7項目の基準によって診断されるが，実際のところは殺人などの犯罪行為の背景にある人格特性というよりも，顕在化した犯罪行為や攻撃行動などの行動特性そのものが診断基準となっているために，循環論的色彩を帯びた診断名といえる。また人格障害という診断は，原則的にパーソナリティが固定したと考えられる18歳以上の者に対して与えられるものであるので，その年齢に達しない青少年に対して人格障害という観点で診断的ラベリングを行うことには慎重でなくてはならない。

その他に，殺人と関連の深いパーソナリティ要因としては，共感性の欠如，衝動性のコントロール不全，強く残忍な攻撃性，葛藤を抱える力の弱さなどをあげることができ，これらは広い意味で自我の発達不全といえる。

ところで，これらのパーソナリティ要因は個人の内部に位置しているという点では内的病理といえるが，その形成過程にはさまざまな外的状況要因が作用している点を忘れてはならない。どのような家庭環境のもとで育ってきたのか。また，育ちのなかで大きな喪失や心的外傷となるできごとはあったのか。その時に暖かく受けとめ，発達促進的にかかわる大人や環境があったのかどうか。このようにパーソナリティという内的要因を考える際には，外的状況要因との関係も考慮する必要がある。

2——精神疾患

次に，パーソナリティよりさらに深い水準の内的病理として精神疾患をあげることができる。殺人を犯した者の中には，統合失調症による自我障害の結果，極度に現実検討力が低下し，自己が解体してしまうような精神病水準の不安や迫害的な妄想，あるいは了解困難な思考障害などにより，他者を殺さなければならないと確信し犯行に及んでしまうケースや，発達障害などを背景にしたコミュニケーション不全から，他者を生きた存在として実感することができず，殺人に至ってしまうケースがある。しかし，精神障害者が特に犯罪を犯しやすいというデータはなく，むしろ病的状態によって，本来その人が有していた健康な自我機能が障害された結果，殺人が行われたと解するべきであり，精神鑑定によりその責任能力が精査される必要がある。

3——器質的要因

そしてさらに深い内的病理として器質的要因を考えることができる。19世紀後半のイタリア人精神科医ロンブローゾ（Lombroso, C.）は多くの犯罪者の身体を実際に測定し，犯罪者には特有の身体的・器質的特徴が存在することを発見し，それを「変質特徴」と名づけた。この結果から，ロンブローゾは彼らが生まれながらにして犯罪者になる運命をもった「生来性犯罪者」であったと論じたが，現在では否定的な見解が多い。

先述の通り，殺人はさまざまな要因が複合的に作用し合った結果であり，身体的・器質的特徴といった単一の要因から犯罪者になるかどうかを決定づけるというのは乱暴な論理であるといえよう。しかし，脳機能の解明が飛躍的に進歩しつつある現在，行動抑制の障害や攻撃性の亢進といった，特定の行動と脳機能との関連の解明に伴って，今後脳の器質的脆弱性と殺人などの犯罪との関連が示される可能性も十分にある。

そのような試みの１つとして，福島（2003）は複数の人間を殺害した重大殺人者の脳には微細な異常所見が高率に発見されたことを報告し，それらの微細な脳障害による特有の精神状態を微細脳器質性性格変化症候群（MiMOCCS）と命名し，犯罪者の理解に器質的な側面も含めた吟味が必要であることを論じている。

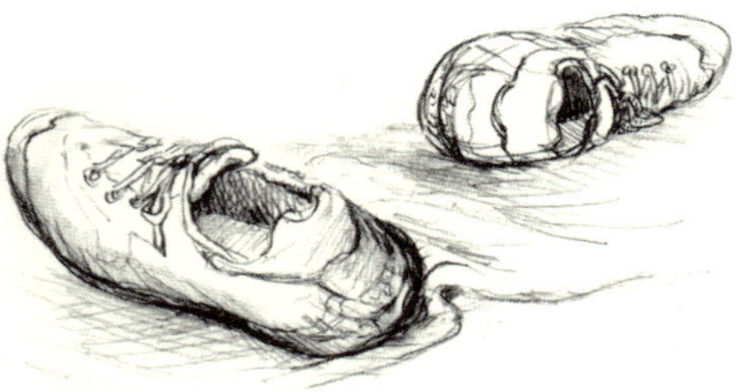

Column ⑥

殺人を犯した少年の人格理解

社会の耳目を集めた少年による殺人事件は，他者に対するすさまじい攻撃をもとにしているため，少年たちの攻撃性の問題を抜きにして，少年の殺人事件について語ることはできないと思われる。人の攻撃性について説明する理論にはさまざまなものがあるが，攻撃性は人間性の深いところから出てくるものであって，人の本質的な部分を表すものであると考えられる。つまり，殺人の動機などの本質を理解し，これからの行動を予測するためには，少年が示す攻撃性がどのようなメカニズムで発動されるのかを理解すること，すなわち，人格の理解が不可欠であると考えられる。

特に，殺人などの重大事件を犯した少年の人格形成には，社会・心理・生物的要因が錯綜しており，人をあやめるほどの攻撃性が表出したメカニズムの全容を理解することが難しい例が多いといえる。過去に，筆者が家庭裁判所調査官として調査を担当した殺人事件の少年のなかに，統合失調症型人格障害の疑いをもたれた少年がいた。この少年は，高校在学時に，同級生から心ないからかいやいじめを受け，高校卒業後から，自分が辱めを受けたという憎悪の感情を増幅させ，かつての級友の１人をナイフで刺殺するという事件を起こした。調査を進めるなかで，少年が受けたといういじめの内容は，机の中にパンくずを入れられたとか，休憩時間中に居眠りをじゃまされ，からかわれるといったものが多いことがわかり，それが殺意にまで結びつくとは常識では考えられないものであった。一方で少年は，「自分は嫌われていた」「級友の会話がすべて自分の悪口に聞こえていた」という思いが高校卒業後にくり返し思い出されるうちに，級友のすべて，家族，友人に対する殺意まで抱くようになったことを語った。この少年の思考は，もはや合理的なものとはいえなかったが，一面では，少年の状態の変化に家族が気づかず，さまざまなサインが見落とされていたという問題もあるケースであった。

このケースは，筆者が人格障害と非行との関連を考えるきっかけとなったものであるが，昨今，重大事件を起こした少年のなかに，広汎性発達障害が疑われるケースが目につくようになり，発達障害と非行との関連を検討することも，適切な人格理解や処遇選択のために必要となっている。人格障害や発達障害であるから重大犯罪を犯すリスクが高いということではない。精神的，器質的問題が攻撃性の制御をいちじるしく低下させていたことや，少年の抱える問題と行為との関連などが解明されないままでは，社会にとって，不気味で恐ろしい存在にしか思えないことが問題なのである。

Column ⑦

衝動のコントロールと殺人

一般に，結果や見通しを欠いたまま，一時の激情に突き動かされた行動を衝動行為といい，そうした内面から湧き起こってくる力をさして衝動とよぶ。犯罪・非行の領域では，多くの場合，粗暴行為との関連で用いられ，その治療・教育に際しては，こうした「原始的で未熟な」衝動を，いかに「抑えつけるか」という文脈で論じられることが多いように思う。しかし，逆説的ではあるが，人命を奪うような重大な結果をもたらした非行少年のなかには，むしろ，長きにわたる過剰な自己規律を背景に，内的な緊張・葛藤が高まり，破綻をきたし，暴発したと思われるケースも少なくない。おうおうにして，当人には無理をしていることに気づけるだけの余裕が残されていない。一見，相手のささいな言葉や態度に触発されて過剰な粗暴行為に及んでいる場合，周囲からは唐突，幼稚で，不可解な行動と受けとめられやすいが，表に現れたきっかけは「最後の一押し」に過ぎなかったのかもしれない。

牛島（2004）は，一般に，衝動行為には，緊張をかき消す効果があることを指摘している。にっちもさっちもいかない閉塞状況のなかで，葛藤を抱えて踏みとどまることは苦しく，緊張に耐え切れずに行動に至る。せき止められた水が，淀むか，別の出口を見つけて流れ出すか，それも無理であれば決壊するしかないのと似ている。空想や思考といった心のはたらきが行為に至るまでの緩衝材としてうまく機能しなかったり，手持ちの問題解決の選択肢が少なかったりすると，直接的かつ具体的な行動のみが，心理的な重圧からの解放感をもたらす手段となりかねない。

さて，「いかにして衝動をコントロールしていくのか？」という問いである。コントロールという言葉には，本来，抑えたり緩めたりといった2つの方向が含意されているが，ともすると「抑える」方向にばかり力点が置かれやすい印象を受ける。そこで，上の問いを「衝動とうまくつきあっていくためにはどうしたらよいのだろうか？」と言い換えてみる。すると，だいぶニュアンスが異なってくる。衝動のコントロールということを論じる際には，ひたすら「抑制」ばかりを説くのではなく，日ごろからの適度な「弛緩」のあり方に目を配ってみることが大切なのではないだろうか。

なお，衝動コントロールの障害と称される行為には，粗暴行為のほかにも，リストカットや抜毛といった自傷行為，薬物・アルコール依存などが含まれる。これらはいずれも嗜癖としての色彩が強く，多かれ少なかれ，自己破壊的な様相を帯びる。「自己破壊性と他者破壊性とは時に紙一重」（中井，2004）であり，いずれに向くかわからない危うさを秘めている。粗暴行為と衝動コントロールの関連を考える際には，こうした点にも気を留めておきたい。

第3節

青少年の殺人の諸相

1　普通の青少年による問題解決としての殺人

1——はじめに

「人を殺す者には精神的な障害がある」と考えている人は多いだろう。実際，テレビや新聞で報道された精神鑑定の結果や，殺人犯を分析した本では，しばしば「統合失調症」や「○○障害」といった診断がされているのをみかける。極端なものでは，殺人犯のすべてを病気として取り扱おうとしたものもある(福島, 2003)。

ところが，多くの殺人犯を実際に見てみると，精神的な障害のみられない者がかなりいる。動機の了解は可能であり，もちろん猟奇的殺人でもない。結果は人の死という重大なものだが，手口や動機の派手さがないために，マスコミで取り上げられてもそれほどくり返し報道されることがなく，人々の記憶に残らないものが多い。

これまで，このような精神障害のない正常域の殺人犯について，ほとんど分析・検討されてこなかった。その理由として，これらのケースは簡易鑑定はされても本格的な精神鑑定まで行われることが少ないため，殺人犯をさかんに研究している精神科医たちの目に触れる機会があまりなかった，ということがあるかもしれない。だが，最大の理由は，このような普通の人たちの殺人から見いだされるものの意義に誰も注目しなかったためであろう。

精神障害のない殺人犯の犯行までの心理的プロセスを追ってみると，殺人など一生しないと思っているわれわれと，どこかつながっているものが見えてくる。殺人も人間の行動の１つであり，本人の問題解決のために選ばれた手段である。この問題解決というのは，生活上直面したさまざま困難への対処である。人によって直面する問題はいろいろであるし，その対処のための手段もさまざまであろう。しかし，人を殺すというのは通常選択されない。そのような殺人に至った理由を考えることは，人間理解を深めていくことになるだろう。

問題解決のために人を殺すのは，青少年に限らない。中年者や老人にもみられる。ただし，青少年の場合，社会のなかでの自分の位置がまだ定まらないという不安定さゆえに問題の解決を焦るだろう。また，人生経験・社会経験が乏しいことから，問題解決のための方法もあまり知らず，援助してくれそうな人的つながりも少ない。問題解決のための殺人が青少年に多いというデータ的裏づけがあるわけではないが，青少年がそのような殺人を行いやすいという仮説を立てることはできる。

また，青少年は一般に可塑性に富んでいる。重大な事案を引き起こした者でも立ち直る可能性がある。精神的な障害がなければなおさらであろう。そのために青少年の殺人についての理解を深め，立ち直りを援助する方法について考えておくことは大切である。

ところで，精神障害のある人でも，その障害が犯行の直接的原因となっていることはあまりない。むしろ，その障害により社会適応がうまくいかなかったということのほうが大きい。そして，そのような不適応状況のなかでの問題解決として犯行が行われる。このように考えると，精神障害のある殺人犯についても，問題解決のための殺人という視点でとらえることが可能である。

本項では，ほかとの関係から，精神障害のある者の犯罪についてはふれない。しかし，将来，精神医学がさらに進歩することで，これまで正常域内であったものがそうでなくなることはあり得る。本項で取り扱ったケースのいくつかが将来精神障害の範疇に入ることになるかもしれない。たとえそうなったとしても，先に述べたような理由から本項の意義は失われないだろう。

2――普通の青少年による殺人の実際

念のために断っておくが，ここでの「普通」は「精神障害のない」という意味で使っている。そのような普通の青少年の殺人にはさまざまなものがある。そのなかでも，典型的で理解しやすい2つの場合について説明する。1つは，集団での行為がエスカレートした結果，殺人をしてしまうものである。多人数で強盗やリンチを行うものがそれにあたる。もう1つは，連れ子殺しである。虐待の結果，夫が妻の連れ子を死なせてしまう場合である。連れ子殺しには，夫の連れ子を妻が殺してしまう場合もあるだろう。しかし，ここでは説明を簡単にするため，男性による殺人に限定する。集団でエスカレートして行う殺人も女性によるものがあるが，同様な理由から男性の加害者のみを扱う。

なお，プライバシー保護のため，個々のケースについての具体的・詳細な説明はしない。複数のケースからうかがわれる共通点を中心に述べていくことにする。

(a) 集団でエスカレートして行われる殺人

集団での行動がエスカレートして殺人に至るというのは，青少年による殺人でよくみられる形態である。中年期以降の者では，暴力的組織によるものを除けばあまりみられない。そして暴力的組織によるものが，武器調達係，実行役や車の運転役まで決め，下見をしたりするなどしばしば計画的であるのに対し，青少年の場合は計画的でないことが多い。たとえ計画的に事を進めようとした場合でも，その通りにはいかなかったということになりやすい。そして，計画と違う結果の1つが，被害者の死亡なのである。

被害者は面識のない通行人であったり，抗争中であるほかの不良グループの一員や，自分たちのグループの者であったりする。もともと殺そうとして殺したわけではない場合が多い。「金品強取」「痛めつけて思い知らせる」や「脅す」のが目的であったのに，行き過ぎてしまい死なせてしまう。行き過ぎてしまう背景には集団心理がはたらいているわけだが，どのような者が集まっても行き過ぎるというわけではない。行為のエスカレートに結びつきやすい人格的特徴というものがある。彼らはこれまで逸脱行為をくり返してきており，逸脱することへの抵抗感が普通の者に比べて低い。そして自信がない一方で，自分を良く見せたいという気持ちが強い。さらに，集団のなかにいることで安心感を得ようとしており，その集団以外に身を置く場所がない。

しかもこの集団というのは，必ずしも強い結びつきをもっていない。集団の中核となる何人かは知り合ってからある程度以上の日数を経ているものの，周辺的な存在の者は名前をほかの者に知られていなかったりする。極端な場合には，犯行当日知り合った者が加わっていることがある。

先に述べたような人格的特徴をもつ者がこのような集団をつくると，お互いによく理解し尊重しあった行動をすることなど期待できない。手っ取り早く見栄や虚勢を張り合うことで，不安定ながらも集団が維持される。集団のなかの１人が，たとえば金銭の強取目的で拉致した通行人を「口封じ」のために「痛めつけよう」と提案したとする。そうすると，ほかの者はそれを制止したり，反対意見を出したりすることができない。その提案が社会規範から逸脱していて，刺激的な内容であればあるほどそうなる。もし，制止したり反対したりすると，自分は弱虫でいくじがないと仲間から思われてしまうと心配する。自分を良く見せたい気持ちは強いが，その裏づけとなる自信が乏しい者ほど，このような不安や恐れを強くもっている。

しかも，自分の居場所がほかにないので，この集団から疎外されると自分は１人になってしまうといった思い込みもある。孤立への恐れから仲間の突飛な提案を制止できず，それどころかグループ内での自分の地位の保全や上昇を狙って，さらに過激な言動をする。「ロープで縛ろう」「額に焼印を入れよう」といった具合である。こうして見栄と虚勢のはりあいが熾烈となり，行動がエスカレートしていく。被害者への暴行がいっそうひどくなり，大きな怪我を負わせてしまうと，もう「黙っておけ」と相手を脅すだけではすまなくなったことに気づく。警察へ駆け込まれたらどうしようという不安から，被害者を解放することがためらわれてくる。しかし，「もうやめよう」とは誰もいえない。そのような状況のなか，誰かが「やってしまおう」というと，もう誰も後に引けなくなり，被害者にとどめをさすことになる。

主犯格やリーダー的存在といわれる者がいることがある。しかし，その者が実際にそのような役割をとることはまずない。リーダーとされる者は年長者であったり，その人のいう通りに仲間が動くことが多かったりするだけである。リーダーのもとに統率がとれた集団とはなっていない。むしろ統率がとれていない，そしてリーダーの座もあやふやであるからこそ，人前で弱みを見せるわけにはいかず，「それくらいでやめよう」の一言がいえないのである。

このように，個々の者たちがそれぞれ自分の問題に直面し，必死に対処していくうちに，集団の行動の結果として，被害者を死なせてしまうのである。

(b) 連れ子殺し

連れ子殺しは中年の者も行う。しかし，青少年が行う場合，被害者となる子どもはまず幼児・児童である。したがって，青少年による連れ子殺しは幼児・児童殺しと言い換えてもいい。力が弱く，簡単に従属させられるはずの幼い子どもに対し，なぜ本気で対応し，死なせてしまうのか。もともと殺そうと思って殺すケースというのはあまりない。

妻の連れ子を虐待し殺してしまう者の多くに共通しているのは，自分自身も子どものころに親から虐待されていたということである。激しく殴られたり，長時間正座させられたり，真冬の屋外に放置されたり，紐で縛り上げられたりといったような厳しい体罰を受けた者が多い。そのように虐待されたのであれば，他人には同じようなつらい目にあわせたくないと考えるのではないかと思うが，けっしてそうはならない。その理由は，虐待が通常のしつけであると思ってしまっていることや，厳しい体罰を肯定的にとらえ，自分の子どもも同様な方法でしつけるべきと考えているといったことがある。まさに虐待が世代間で連鎖されていくのである。その連鎖を断ち切ることができないでいると，あるとき，やり過ぎて死なせてしまうのである。

しつけが厳しく行われやすいのが，幼児・児童である。「小さいうちにきちんとしつけておこう」と考えるのは，親として自然であろう。しかも，彼はたいていの場合，父親としての経験をこれまでもっていない。そのうえ，その子どもの生まれたときのことやその後数年どうだったかも知らない。それでも新しい家族として暮らさなければならない。新しい生活への期待に加えて，この子どもの新しい父親になったという自負心と不安があるだろう。期待通り円満で幸せな家庭を築きあげることができればいいが，家族全員が自分の夢の実現に協力してくれるとは限らない。特に幼い子どもであれば，他人のことなどおかまいなしで自分勝手に動くであろう。

さらに，これまでに子どもが身につけた習慣への違和感というものがある。箸のもちかた，トイレの使いかた，言葉づかいや朝のあいさつの仕方が，自分の考えていた常識とかけ離れていたりする。子どもの行儀を正し，きちんとした人間に育てていくことが理想的な家庭をつくるために必要と感じている。そのため，彼は自分がおぼえており，それを使うことを肯定的に考えている体罰を使用する。子どもが従わなければさらに厳しい体罰を行う。体罰は幼い子どもに対し，適切に使用すれば効果的であろうし，弊害も少ないと思われるが，頻繁に度を過ぎてくり返されると何も良い結果をもたらさない。子どもは反抗するばかりでますます従わなくなる。この反抗的な態度に対し，何とかして子どもを従わせようと体罰は過酷さを増していく。そして，子どもに妻と似ていない顔の特徴，つまり妻の前夫の面影があったりすると，自分の思い通りにならない妻の過去が自分の邪魔をしていると考えたりする。特に妻との関係がうまくいっていない状況では，そのようなひがみが強くなる。

体罰のエスカレートが止められないのは，妻がブレーキとなっていないこともある。妻が仕事やほかのことに忙しくて，あるいは夫のことをおそれて何もいえなかったりするのである。妻もいっしょに暴行を加える共犯者になっていることもある。さらに，家庭が社会から孤立しているといった状況もしばしばみられる。夫婦と子どもだけの生活で，親類との関係が疎遠，近隣とのつきあいがほとんどない，友人もいない，そして失業中であったり，仕事を変わったばかりで職場関係の知人もいない場合がある。このような孤立した状況のなかで，自分の思い通りにならないという現実の問題と闘い続け，その結果，体罰がエスカレートしていき，最後には子どもを死なせてしまうのである。

2 非行・犯罪と殺人

一口に殺人といっても，その犯行態様や動機，犯人と被害者との関係などは，事例によって千差万別である。したがって，殺人および殺人者についての理解を深めていくためには，これらをある程度類型化し，その上で共通点や事例ごとの特徴などを探っていくことが有益であると思われる。本項においては，実際に殺人を犯して刑務所に収容された青少年の事例を類型化して分析することにより，殺人類型別の諸特徴をとらえてみたい。

ここで分析の対象としたのは，2003年の１年間に，某分類センターに新たに入所した657名の受刑者の内，殺人（同未遂を含む）を犯した19名である。

これらの者の罪名別内訳は，殺人7名，殺人未遂6名，強盗殺人5名，承諾殺人1名となっている。言渡刑期は，4年～8年以下：9名，8年超15年以下：8名，無期懲役：2名となっている。犯行の時期は，1998年から2003年の間にわたり，犯行時の年齢は，16～19歳：3名，20～24歳：13名，25～27歳：3名となっている。

なお，分類センターとは，刑確定時に28歳未満の男子のうち，執行刑期が1年以上で，かつ，施設において刑の執行を受けたことのない受刑者を集めて収容し，医学・心理学などの専門的な知識や技術を活用して精密な入所時分類調査などを行う機関であり，全国で8か所の刑務所または少年刑務所に設置されている。

さて，19名の殺人事例を入所時分類調査の結果に基づき，犯行動機，被害者との関係，共犯者の有無などの観点から類型化すると，大きく次の5類型に分類することができた（表2-1）。

表2-1　殺人の5類型

類型	名称	犯行動機	被害者	共犯者	該当事例数
類型1	対人葛藤型	憎悪，反発，怨恨	親族，恋人，友人等	なし	5
類型2	心中志向型	心中を図って	親族，恋人等	なし	3
類型3	私的制裁型	相手の言動に立腹し制裁を加える	通行人，仲間等	あり	5
類型4	隠蔽・利欲型	犯行隠蔽，金品欲しさ	他犯罪の被害者，通行人等	一部あり	4
類型5	妄想反応型	妄想等の異常思考を背景とする	無差別的	なし	2

以下，これらの類型ごとに，その特徴を記述してみたい。

1――類型1：対人葛藤型

日常接する特定の人との対人関係の中において不満や葛藤を抱え，それがある時点で臨界点を超えて殺人に至る場合である。通常，単独犯である。厳格で支配的な父親に対する反発から父親をゴルフクラブで殴打して殺害した事例，交際相手との別れ話からかっとなって相手を絞め殺した事例，自分を馬鹿にしているとして憤まんの念を募らせ友人をナイフで刺殺した事例などが含まれる。

被害者は，親族，恋人，比較的近い関係にある友人などである。被害者との関係は，犯行に至るまでは，本人が日常的に支配下に置かれたり馬鹿にされ続けたりするなど，劣位に置かれ，本人は，そうした相手からの支配や攻撃から逃れることが困難であると感じていることが多い。恋人の場合は，相手に過度に依存し，見捨てられることへの極度の不安を抱いている場合が多く，事例によっては，日ごろから相手の行動を厳しく規制して束縛し，直接別れ話を切り出せないほど相手を怖がらせている者もあった。

非行・犯罪歴については，特にない者が多い。1例のみ，元暴走族で教護院（現：児童自立支援施設）収容歴があり犯行当時まで無免許運転常習の者がいたが，その事例でも凶悪・粗暴な犯歴はみられなかった。

性格特徴では，過敏で傷つきやすいが，率直な感情表現ができず，内面に不満をうっ積させやすいこと，視野が狭く，柔軟なものの考え方ができないことなどが指摘される事例が多い。

2——類型2：心中志向型

心中を図ろうとして相手を殺害する場合である。親子3人が借金取立から逃れるために夜逃げをして，住込み先も見つからずに精神的に追いつめられるなかで，心中を企て，父母の首を絞めて殺害した承諾殺人の事例，自堕落な生活を送るなか，恋人といさかいになって悲観的・自棄的な気持ちを強め，無理心中を図ろうとして，恋人と自分の胸をナイフで刺した事例などが含まれる。

被害者は，当然のことながら親族・恋人など親密な間柄の者が多いが，中には，かねてから好意を寄せ，数回指名して自宅に呼び寄せたことのあるデリバリーヘルス嬢を自殺の道連れにしようとして殺害した事例もある。

多額の借金を抱えて生活苦の状態にあるが職に就けないなど，犯行当時に追いつめられた生活状態にある者が多い。性格特徴では，劣等感や抑うつ的な気分の強さ，依存心の強さ，協調性が乏しく孤立しやすいこと，内面で不満をうっ積させやすく自棄的な行動に走りやすいことなどが指摘される事例が多い。

なお，今回対象となった事例では，いずれも非行・犯罪歴はなかった。

3——類型3：私的制裁型

相手の言動に立腹するなどして仲間集団とともに私的制裁を加えるなかで，相手を殺害するに至る場合である。通行人からからまれたなどとして立腹し，仲間とともに相手方にけんかを仕掛け，ナイフで1人を刺殺した事例，所属していた暴力団の幹部の指示に従い，同幹部のトラブルの相手を紐で絞殺した事例，知り合いの女の子を犯したなどとして，仲間数名とともに被害者方に押しかけて金品を強取した上，相手を拉致して木刀や鉄パイプで殴打したり足蹴りしたりするなどして殺害した強盗殺人の事例などが含まれる。

共犯者は，暴力団，暴走族などの場合もあれば，単なる仲間集団の場合もあるが，後者の場合でも，元暴走族や非行・犯罪歴のあるメンバーが多く含まれているなど犯罪的傾向を帯びた集団であることが多い。これらの集団は，学校・職場といった健全な社会組織からの脱落者といった意識をもつ者の集りであって，集団内では，法秩序や社会規範の軽視，公的権力への反感，暴力肯定といった独特な価値観が共有されていることが多い。当然のことながら，本人自身も，粗暴犯に限らず，交通事犯，財産犯，薬物事犯などの非行・犯罪歴を有する場合が多い。

被害者は，行きずりの通行人，仲間集団のメンバーに何らかの攻撃や侮辱を加えたとされた者などであるが，集団を構成するメンバーがその掟やしきたりに従わないなどとして制裁を受け，被害者となる事例もみられる。

性格特徴としては，中心的メンバーでは，自己顕示性や虚栄心が強く，仲間の中でいい格好をしようと調子づきやすい者が多い。周辺的なメンバーでは，気弱で自信に乏しいため自主的な判断ができず，周囲の行動に同調しやすい者が少なくない。後者では，被害者に対して特段の敵意を抱いていない場合でも，犯行に加担しなければ自分が仲間から制裁を受けるかもしれないという恐怖から，犯行に加わってしまうことがしばしばみられる。

4——類型4：隠蔽・利欲型

他の犯行が暴露されることを恐れて人を殺害する場合（隠蔽型），金や物を獲得するために殺人を行う場合（利欲型）である。ひったくりをしようと狙った女性を追尾して，そのまま被害者宅に侵入し，相手に暴行を加えて気絶させた上，わいせつ行為におよび，さらに犯行発覚を逃れるとともに金品を強取するため，同女の首を腕で絞めつけるなどして殺害し，現金などを強取した強盗殺人の事例，オートバイ窃盗を反復していたが，犯行現場を所有者に発見され，自動車で逃走しようとした際，それを阻止しようと車にしがみついてきた被害者を振り落とそうとして，車を急発進させ被害者を街灯に激突させて死亡させた強盗殺人の事例などが含まれる。

多くが単独犯であるが，窃盗仲間が殺人にも関与するなど一部共犯者のいる事例もみられる。

被害者は，窃盗など他の犯罪の被害者として狙われた者であることが多く，犯行直前までは加害者と特段の関係のない場合がほとんどである。

加害者の犯行当時の生活状況をみると，職に就かず，日常的にひったくり，車上狙いなどを行って生計を立てている者が多い。また，４名中３名が，早期から多種方向の非行に走り，児童自立支援施設または少年院に複数回入所した経歴をもっているなど，犯罪性が進んでいる者が多い。生育環境をみても，親が犯罪者で服役を反復した事例，両親の離婚により養護施設に預けられた事例など，乳幼児期から児童期にかけて，家庭において十分な愛情やしつけを受けることができなかったとみられる者が多い。性格特徴では，対人不信感の強さ，社会性や情緒発達の未熟さ，衝動性の強さ，忍耐力に欠け刹那的な構えが強いことなどが指摘される事例が多い。

5——類型５：妄想反応型

妄想などの異常な思考を背景にして殺人に至る場合である。

通行人を無差別に殺害して社会の耳目を集めたいなどと考え，路上を通行中の男性の背後から包丁で頸部などを数回突き刺して殺害した事例では，自らを神だと確信したり，だれかに殺されると感じたりするなどの妄想様観念がしばしば生じ，それにともなって気分が高揚したり沈んだりするなど，精神面の著しい不安定さがみられた。精神鑑定において，分裂病型人格障害と診断されている。

白昼，ＡＴＭ機を操作していた女性の背後から，いきなり首にナイフを突き刺して傷害を負わせた殺人未遂の事例では，本人は，以前すれ違いざまにその女性から嫌な顔をされたことがあり，その日も女性ににらまれたと感じて，かっとなって刺したと述べている。刑務所においても，「人殺しがいる」といった声が聞こえるという幻聴，「斜め向かいの部屋にいる人がずっと自分の悪口を言っている」などの被害妄想が認められた。

この類型では，通り魔的に犯行が行われ，被害者は，加害者による独特な意味づけがなされる場合があるにせよ，無差別的に対象とされることが多い。

加害者は，いうまでもなく大きな精神的問題を抱えており，犯行は単独で行われる。今回対象となった2例では，いずれも過去に非行・犯罪歴はないが，自らを神と名乗る宗教の勧誘ビラを配布するといった奇妙な行動や，新聞配達中にむしゃくしゃして配達用の新聞に放火する，イライラして自分の腕をナイフで傷つけるといった衝動行為などが，過去に出現している。

以上，5つの類型ごとに，その犯行動機や態様の特徴，被害者や共犯者との関係，非行・犯罪歴との関連などを概観した。青少年殺人犯の相当部分は，これら5類型に当てはめて検討することができるのではないかと思われる。ただし，今回分析の対象とした事例は数がそれほど多いとはいえず，また女子の事例は含まれていないこともあり，たとえば，えい児殺し，快楽殺人，宗教的信念による殺人など，今回の類型に含め難い殺人も，頻度は高くないにせよ，矯正施設における実務では出会う可能性があることを断っておきたい。

3 薬物依存と殺人

1——はじめに

わが国における代表的な違法薬物は覚せい剤と有機溶剤である。覚せい剤取締法違反による検挙人員は，戦後2回のピークを経て，いったんは減少傾向にあったが，1996年以降，再び増加傾向に転じており，現在は第3次覚せい剤乱用期を迎えているといわれる（図2-4）。

特に深刻なのは若者たちにおける覚せい剤汚染の広がりであり，2002年の同事犯に係る検挙人員は犯罪白書によると16,964人であるが，これを年齢別にみると，6,247人が20歳代未満～20歳代の青少年層であり，約4割を占める

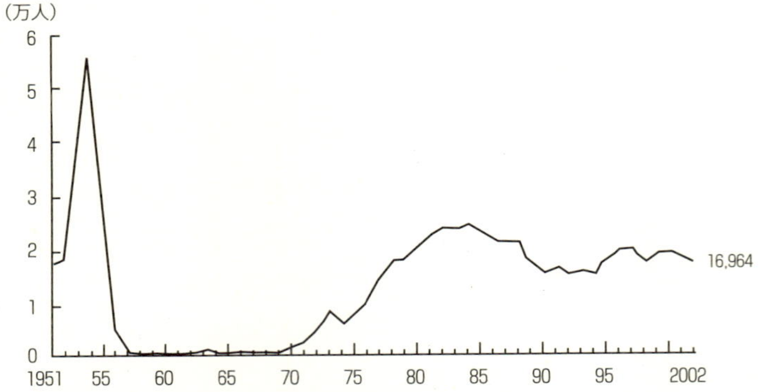

図2-4　**覚せい剤取締法違反による検挙人員の推移**（法務省法務総合研究所，2003を一部改変）

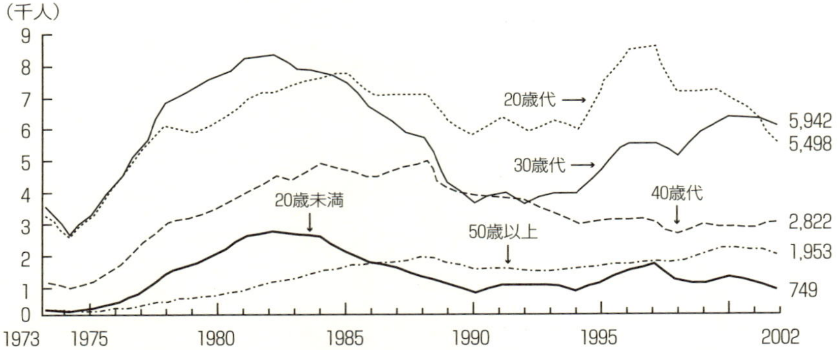

図2-5　**覚せい剤取締法違反の年齢層別検挙人員の推移**（法務省法務総合研究所，2003を一部改変）

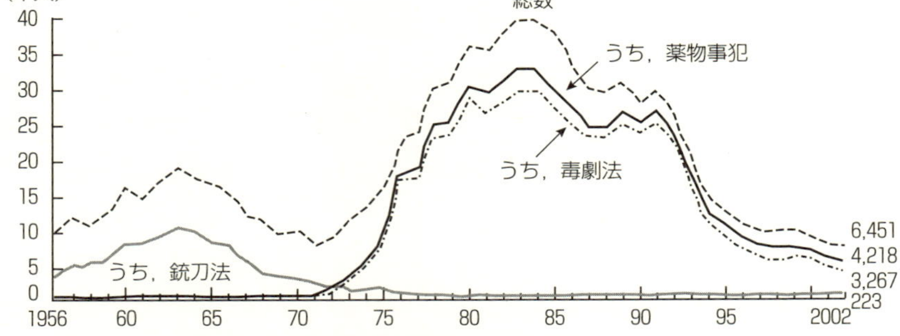

図2-6　**少年特別法犯の送致人員の推移**（法務省法務総合研究所，2003を一部改変）

(図2-5)。

薬物犯を20歳代未満，すなわち少年非行に限ってみると，圧倒的多数を占めるのは毒物劇物取締法違反であり（図2-6），同年齢層における覚せい剤取締法違反の検挙人員の約4倍である。わが国において有機溶剤は，他の薬物の入門薬，門戸開放薬（gateway drug）としても悪影響を及ぼしていると考えられており，有機溶剤を乱用していた少年が，成人後，覚せい剤乱用者へと移行していくパターンは多くみられ，その予備軍が含まれているという点で，有機溶剤乱用は青少年の問題だけにとどまらない。

薬物乱用をくり返すと，やがてやめようと思ってもやめられなくなる薬物依存の状態となり，さらに乱用を反復すると，原因薬物の摂取を中止しても中毒症状から回復しなくなる薬物中毒が発生して，最終的には乱用者自らが苦しみ，破滅を招くことになる。たとえば，刑務所に2度以上入ってくる再入受刑者の数を犯罪白書に求めると，2002年の覚せい剤取締法違反による再入者は28.5%であり，全体の約3割を占める。女子に限ってみると実に55.8%と半数以上を占め，薬物依存症からの回復がいかに困難であるかがうかがえる。それでもなお乱用を続け，覚せい剤のいわゆる累犯受刑者となってしまった場合，中には薬物中毒関連精神障害を発症して，一般の受刑生活を送ること自体が困難となる者もおり，筆者らが勤務する北九州医療刑務所にも深刻な病状を抱えた者が収容されている。

このように薬物乱用を続けると，自らを悩ます問題へと発展していくが，もう1つの問題として取り上げられるのが，他の犯罪との関連である。有機溶剤を乱用した少年が，勢いにまかせて金銭を盗んだり，粗暴犯に及んだりするケースなどは，少年鑑別所などの矯正施設においては比較的よくみられ，また覚せい剤に起因する犯罪による検挙人員は，2002年には殺人，強盗，傷害，放火などで116人となっている。特に，覚せい剤による二次犯罪については，他の犯罪に比べて凶悪犯や粗暴犯に結びつくケースが多く，違法薬物のなかでも最も社会的危険性が大きい点に特徴がある。本稿の主題である殺人の検挙人員については，過去20年間において毎年1人～14人の間で推移しているが（表2-2），薬物乱用者が引き起こした数々の悲惨な事件は，統計上の数値が示す以上の衝撃をもって社会を震撼させてきた。1954年4月に起きた「鏡子ちゃん殺し事件」，1981年6月に起きた「深川の通り魔事件」，1982年2月に起きた「西成区のアパート住民皆殺し事件」などがその代表例であり，社会に大きな衝撃を与えた。以下，過去の薬物乱用者による殺人事件について紹介し，その特徴について考察する。

表2-2 罪名別覚せい剤に起因する犯罪による検挙人員の推移（法務省法務総合研究所，2003）

年次	総数	刑法犯													特別法犯				
		計	殺人	強盗	傷害	暴行	恐喝	窃盗	強姦	放火	器物損壊等	住居侵入	暴力行為等処罰法	その他	計	銃刀法	火薬類取締法	売春防止法	その他
58年	299	251	14	5	16	5	8	101	6	21	11	39	2	23	48	28	−	4	16
59	229	200	11	8	16	6	11	66	5	7	13	30	6	21	29	17	2	2	8
60	175	157	6	3	15	5	6	45	3	7	6	30	2	29	18	14	−	−	4
61	169	150	10	7	25	4	5	46	1	6	6	21	−	19	19	13	−	−	6
62	183	150	10	4	16	3	4	60	−	7	9	20	3	14	33	16	−	1	16
63	155	134	9	4	11	…	…	42	1	5	…	27	2	33	21	14	…	…	7
元	203	164	13	4	19	…	…	49	−	8	…	31	2	38	39	16	…	…	23
2	154	122	9	2	11	6	1	32	2	4	10	26	−	19	32	19	−	1	12
3	142	114	8	2	12	1	5	28	6	6	6	26	3	11	28	17	−	2	9
4	153	122	5	11	8	1	3	39	1	2	14	22	5	11	31	12	1	−	18
5	208	164	3	1	13	10	22	42	1	5	18	27	4	18	44	21	−	−	23
6	143	105	4	8	10	4	1	26	2	3	6	19	3	19	38	23	−	3	12
7	151	112	3	2	10	3	6	22	1	7	8	31	−	19	39	23	1	2	13
8	194	149	3	4	21	4	6	10	3	6	11	33	2	46	45	34	−	1	10
9	231	190	3	3	17	6	6	59	6	3	20	40	5	22	41	15	−	−	26
10	161	141	3	8	11	7	8	42	1	8	15	18	4	16	20	12	−	−	8
11	159	139	9	6	13	1	2	31	4	3	13	37	−	20	20	11	−	−	9
12	161	137	11	3	9	5	3	20	−	2	10	40	1	33	24	15	−	−	9
13	147	127	3	3	12	2	−	10	−	3	14	40	−	40	20	13	−	−	7
14	116	87	1	6	16	6	2	11	−	2	8	17	1	17	29	21	−	−	8

2——覚せい剤乱用者による大量殺人事件

(a) 深川の通り魔事件

1981年6月17日，東京都江東区深川の路上で，覚せい剤常用の既往のある29歳の男性が，幼児を含む計7人に襲いかかり，4人が刺殺された。最初の犠牲になったのは女性一家であり，母親のR子（当時27歳）がベビーカーに長男H（当時1歳）を乗せ，長女T（当時3歳）を連れて通行中，犯人は，まず長男Hの腹部，そ径部，前胸部などを突き刺し，母親のR子に対して後方から背部，右腋窩部を突き刺し，長女Tの背部，左胸部などを突き刺した。次いで，上記場所から約10メートル離れたところを通行中のM子（当時33歳）に対し，胸部，上腹部などを突き刺し，それぞれ殺害した。

犯人は，事件の約2か月前に刑務所を出所しており，すぐに就職活動を始め，事件を起こすまでの間に計7軒の寿司屋で働いた。ところが，どの店でも本人は電波やコソコソ言う陰口などに悩まされ，周囲からも言動が客商売には向いていないと評価され，短期間で解雇された。「電波やコソコソ言う陰口」とは，本人の幻覚妄想である。「店を何度も解雇され，うまくいかなかったのは，『未知の圧力の力』のせいであり，社会一般の人や電車の中の客，通行人，その他の人間が自分にコソコソ言ってくる。それで，自分を苦しめる黒幕を暴き出すには，何人かの人を殺傷して事件をテレビなどで報道させ，人質をとって立てこもり，自分を解雇した人間たちを呼びつけて，本当のことを自白させたかった」。これが，犯人の動機であり，目的である。

覚せい剤を初めて乱用したのは26歳ごろであり，大量の乱用が認められている。また，覚せい剤乱用以前から，飲酒をした上での対人トラブルや犯罪が多く，問題飲酒者でもあった。過去3回の服役歴を有するが，事件はいずれも粗暴犯である。

(b) 西成区のアパート住民皆殺し事件

1982年2月7日，大阪市で発生した大量殺人事件である。犯人は，大阪市西成区のアパート2階に妻と長男と3人で住んでいたが，覚せい剤を常用していたことから，近隣居住者が故意に物音を立てるなどして嫌がらせをしたり，隠しマイクを使って自分の言動を探ったりすると妄信していた。妻もそれら迫害者の一部であると確信し，刺身包丁で妻の腹部，胸部などを多数回刺して失血死させ，長男も殺そうとして，胸部，腹部などを切りつけた。それから，日ごろ嫌がらせをしてくるアパートの住民全員の殺害を企図し，左手に金槌，右手に包丁をもって，まず隣室の主婦を刺殺した。次に，自室の真下にある部屋におもむき，19歳の女性を包丁で刺したり，金槌で殴ったりした。悲鳴を聞いて駆けつけた女性の父親とも格闘になり，胸部を刺して死亡させた。

犯人の覚せい剤乱用歴はすでに中学時代から始まっている。中学を卒業後も，覚せい剤を買うために家財をもち出すなどしており，成年に達するまでに4回少年院に入院している。成人後も仕事や住居は転々としており，その間，窃盗団をつくったり，暴力団に加入したりするなど，犯罪的生活を送っていた。窃盗や殺人未遂事件などにより，4回の服役歴もある。異性関係も乱倫であり，最終的には，本件被害者である妻をソープランドや水商売などで働かせながら遊んで過ごすなど，搾取的，依存的生活を送り，覚せい剤乱用を続けていた。

両事例に共通していえることは，まず覚せい剤中毒症状の特徴である幻覚妄想状態が事件に関連しており，いわば見えない敵に本人自身が苦しめられている点である。「未知の圧力の力」や，事実も根拠もない「嫌がらせ」に追いつめられ，きわめて短絡的に殺人に及んでいる。また，2つめの特徴として，両事件の犯人ともに，覚せい剤乱用以外の問題も大きく，生活状態はひどく乱れ，崩れかけているうえに，覚せい剤以外の罪による服役歴も有しており，深刻な犯罪性を有していたことがうかがえる。その背景にある人格上の問題も無視できない。これらの特徴や問題が殺人とどのように関連したのかについては，第3章第2節にて考察する。

3——有機溶剤乱用と殺人

先に述べたとおり，少年非行における薬物犯の大半は有機溶剤，すなわち，シンナー，トルエンなどの乱用である。覚せい剤と同様に有機溶剤乱用も殺人と関連することがあり，危険な薬物であることに変わりはないが，件数的には覚せい剤乱用者よりも少ない。特に有機溶剤乱用少年の場合，不良交友が絡んでいることが多く，非行集団による有機溶剤を手に入れるための窃盗や遊興費目当ての非行のほうが目立つ。また，有機溶剤乱用中に誤って引火してしまい，焼死したり，激しい急性中毒症状のために急死したりなど，乱用中の事故死が多い点にも特徴がある。したがって，有機溶剤と殺人に関するデータや研究も，覚せい剤に比べると少ない印象があるが，有機溶剤乱用少年による過去の殺人事件については，19歳の少年による実父殺し（1973年），17歳の少年による一家殺傷事件（1979年），16歳の少年による母子殺し（1980年），19歳の女子少年による実子殺し（1984年），19歳の少年による路上殺傷事件（1998年）などが警察庁関係資料には記録されている。また，殺人事件を起こした有機溶剤乱用者の鑑定結果については，滝口（1985），林（2001）が報告しており，特に滝口によるものは詳しい。

なお，有機溶剤乱用少年のタイプとして，逸見（1982）は以下の類型を紹介している。

① 脱線型：思春期における一時的，一過性の逸脱としての乱用。

② 非行型：暴走族などの非行集団に入り，非行の一部として乱用を続ける。

③ 依存型：有機溶剤依存が固定してしまう。

これらのうち，薬物以外の犯罪に結びつきやすいのは②のタイプと思われるが，②から③に移行した者やストレートに③の状態に陥った者の抱える問題性や病理も根深いと思われる。詳しくは，第3章第2節において考察する。

4 発達障害と殺人

「人を殺してみたかった」。これは殺人を犯したある発達障害の少年が警察の取調べで述べた言葉として有名になった。この言葉を，殺人を犯した発達障害の青少年の特徴的心性として，「発達障害の少年は人間を人間として認識できないため，物を壊すように，あるいは実験をするように，殺人に及ぶ」と解釈してしまえば，話は簡単でいいだろう。

「人を殺してみたい」，この言葉を，筆者はかなりの数の少年から聞いている。そのなかにはたしかに発達障害の少年もいるが，その他の疾患の少年もいるし，精神疾患を有してはいないと診断された少年もいる。それでも，筆者は彼らと話をしていて，時に「宇宙人と話をしているような」疎通性の悪さを感じる瞬間があった。彼らは，けっして非論理的なことを言っているのではない。むしろ筆者よりずっと合理的な観点から話をしていることのほうが多い。それにもかかわらず，である。どちらの感じ方・考え方が正しいということはもちろんできない。しかし，あらためて彼らの成長過程を振り返ってみると，発達障害の診断基準に合致するほどはっきりした障害ではないにしろ，彼らは何らかのコミュニケーションの障害を抱えていたように筆者には思えてくる。

「人を殺してみたかった」という無機的な発想は，どこから生じたのだろう。まず言明しておきたいのは，発達障害は殺人の原因にはならないという点である。従来，発達障害の青少年は加害者よりむしろ被害者になりやすいタイプの人々であると考えられてきた。多くの発達障害児が，その社会的スキルの欠如から，学校でいじめにあっていることは想像に難くない。殺人を犯した少年がたまたま発達障害だった。そのことで，発達障害児に対するさらにまちがった偏見がつくられないよう，念押しをしておきたい。

しかしもし，発達障害の青少年の犯す犯罪に特徴があるとすれば，それはわれわれがアプローチしうるターゲットが存在するということでもある。

一口に発達障害といっても，小児精神科の分野では，発達障害は実に幅広いスペクトラムを有している。そしてそれぞれの疾患群のなかに，殺人の加害者もいれば被害者もいることはいうまでもない。

研究者によって発達障害圏に含まれる疾患は異なっている。ICD-10（WHO, 1990）では，「心理的発達の障害」の範疇に入る疾患として，特異的発達障害ならびに広汎性発達障害をあげている。一方，中島（1998）によれば「発達障害」は，知的障害・自閉症・小児期崩壊性障害・学習障害・発達性言語障害・多動性障害（注意欠陥障害）の6つに大別される。また，DSM-Ⅳ（American Psychiatric Association, 1994）では，「通常，幼児期，小児期または青年期に初めて診断される障害」として，さらに広範囲の疾患を含めている。

知的障害を発達障害に含めるか否か，異論はあろうが，発達障害の周辺疾患に含めることには反対されないだろう。ここでは，知的障害・特異的発達障害・広汎性発達障害の3疾患をとりあげてみたい。なお，以下に述べる事例は，事件の特定を避けるため，一部を改変してあることをご承知おきいただきたい。

1——知的障害

中田は1966年に著した著書の中で，知的障害者の犯罪について，次のような特徴をあげている。①犯罪行為の結果に対する見通しに乏しい，②抑制に乏しく，ささいな動機からすぐに衝動的行為におもむきやすい，③性格の偏りをしばしば伴う，④職業などに対する適応性に乏しく，社会的落伍者になりやすい，⑤軽蔑や虐待を受けやすく，このために欲求不満になりやすい（中田, 1966）。

知的障害者を取り巻く環境は，この40年間に大きく変化し，その教育方法も進歩した。知的障害者は家庭環境や社会的環境に影響を受けやすいため，環境を整えることによって問題行動を減少させることが可能なのである。これは逆に，暴力的な環境に生育したものは，暴力行為を無批判に肯定することがあることも意味している。

【事例１】 男性Ａ，19歳，IQ55
両親は不仲で，日ごろけんかの絶えない家庭であった。父親は暴力傾向があり，過去に暴力事例で受刑したことがある。母親はヒステリックな性格で，激すると物を投げたり泣き叫んだりし，ほうきの柄や時には包丁を突きつけることもあった。Ａは小・中学校では普通学級で過ごしたが，授業はわからなかったという。友人は少なく，気に入らないことがあると同級生を叩いた。そのことを教師に叱責されると，「お母さんもやってるからいいんだよ」と応じたという。中学卒業後は父親の家業を手伝っていたが，夜間外出しようとした際に母親から小言を言われ，「母親がいなければもっと自由にできるのに」と考えて，そばにあったナイフで母親を刺し，出血多量で死亡させた。

【事例２】 男性Ｂ，16歳，IQ60
両親はしつけに厳しく，特に知的に遅れているＢに対しては体罰を行うこともあった。Ｂは男２人女１人の同胞３人中の末子であったが，兄と姉は知的障害のあるＢを疎んじるところがあった。また，小学校時代は同級生からいじめを受けていた。成長しても遊び相手は小学生で，女子に対しては時にわいせつ行為を行ったこともある。姉の女友達に密かに恋心を抱いていたが，相手にされなかった。この友人がＢの自宅に泊まりに来たとき，姉と友人が寝ている部屋をのぞいているところを見つかり，Ｂは母親からひどく叱られ，姉や姉の友人から侮蔑の眼で見られたと感じた。父親は出張中で不在だったが，父が帰ってくれば母たちが自分のことを言いつけるだろうと考え，「みんないなくなればいいのに」と考えて自宅に火をつけた。本人は逃げのびたが，母，姉，姉の友人は焼死した。

放火は時に「弱者の犯罪」と呼ばれるが，これは，何らかの障害をもっている者，あるいは体力の劣る者などが，面と向かって相手に対さず，火をつけるという小さな行為で重大な結果を生じさせる特徴をもっているからである。

2——特異的発達障害

この疾患群は，原因がないにもかかわらず特定の能力だけが障害されているものである。たとえば，聴覚障害や構音機能の障害がないにもかかわらず，言葉を話すということができない，しかし，文章を読んだり書いたりする能力は正常範囲内である場合，あるいは，理解力は普通域なのに数字に対する理解だけができず，「15」と「105」が混同されてしまう場合，２つの動きを組み合わせた運動ができず，ラジオ体操の「手足の曲げ伸ばし」で手と足を同時に動かすことができない場合など，一人ひとり特徴が異なっている。原因は明らかでないが，中枢神経系の微細な損傷や成熟の遅れがその基盤にあるのではないかといわれている。情緒的あるいは行動的障害をともなう場合がみられ，特定能力の障害から二次的に起きてくる対人関係の障害や認知障害が問題行動の原因となる場合もある。

【事例３】 男子Ｃ，16歳，特異的会話構音障害

父親は，「子どものしつけは犬猫のしつけと同じだ」という信念のもとに，Ｃの幼少期は激しい体罰を与えた。このためＣは，物心ついたころから体力をつけることに熱中し，小学３年から事件まで空手道場に通っていた。Ｃは考えられる異常がないにもかかわらず，言葉をスムーズに発音することができないため，小学校時代から「ガイジン」とからかわれてきた。母親はＣの障害を認識しており，発達障害児のための教室に通い，言語訓練を受けさせていたが，治療ははかばかしくなかった。電車内で乗り合わせた乗客と口論となり，一度はおさまったものの，電車を降りた後に再び口論となった。相手からしゃべり方を誹謗され，つかみかかられたため，カッとなって相手の頭部を拳で殴り，倒れた相手に執拗な攻撃を加え死亡に至らしめた。けんかの発端は相手の言動であったため，Ｃは事件後も自分が処罰されたことを納得できないでいる。

３——広汎性発達障害

この範疇に含まれるものとしては，小児自閉症・アスペルガー症候群（高機能自閉症）・小児期崩壊性障害などがある。この疾患群は，相互的な社会関係とコミュニケーションのパターンに質的な障害があり，関心と活動の幅が限局されているという特徴をもっている。さまざまな機能の発達障害が認められるが，その障害は「発達の遅れ」ではなく，「偏り」と認識されるものである。自閉症圏におけるコミュニケーションの障害とは，相互の情報交換の障害ではなく，ある気持ちを相互に共有することの障害と考えるべきであろう。

【事例４】 男性Ｄ，18歳，アスペルガー症候群

幼稚園の年長組のころから，いつも１人でドミノを並べて遊んでいた。また５歳ごろから小学校入学まで，毎朝出勤する父親をバス停まで送っていくのだが，その日課が何

かの都合で果たせないとパニックに陥り泣き叫んだ。小学校にあがると，母親を叩く・つねるという行動が出現し始めた。児童相談所を訪れた母親は，「体験の足りない子なので受容してやりなさい」とアドバイスされたという。Dの母親に対する暴力は，体の成長とともにしだいに激しさを増していき，学校でも体力の弱い者に対して暴力をふるうようになっていった。中学生になると，女子生徒の更衣室をのぞいたり胸をさわったりという性的逸脱行動が出現，家でも姉や母親の陰部をさわろうとしたり，風呂場をのぞいたりしている。ただし性的発達は非常に未熟で，性欲動からの行動とは考えられない。Dはまた，自宅の2階のベランダから放尿したり，通りに面した庭先で排便をしたりする習慣があった。その一方で，人前でシャツを脱ぐことを極度に恥ずかしがり，夏でも肌をみられないようにと長袖のトレーナーを着ていた。父親は厳格な人で，常々家庭内暴力についてはDを厳しく叱責していたが，体罰を加えることはなかった。父に叱責されたある日，家をとびだしたDは，夜中に帰ってくると，まっすぐ姉の部屋に向かい，寝ている姉を父親のゴルフクラブでメッタ打ちした。Dは父親への復讐のためだったと語っている。Dによれば，父親は金を稼いでくるし，立ち向かえない強い人，母親は家事など身のまわりの仕事をする人だから必要だが，姉はまだ学生で存在理由がないので殺してもいいと思ったという。

発達障害圏に属する少年は，通常，養育者との十分な感情交流ができず，そのために「甘えたことがない」「親に本心を言ったことがない」と感じている場合が多い。彼らは強く感情交流を求めているにもかかわらず，その感じ方が異なるために，養育者との共通の感情世界をもつことが難しいのである。それは，養育者のもつ文化背景を引き継ぐことを困難にし，さらには共通の認知構造をもつことの困難さを意味する。発達障害の青少年の殺人が非常に即物的で，感情をともなわないようにみえるのは，「人の死」という抽象的概念を一般社会と共有できていないからであって，悪意はほとんどもっていない。抽象化ができなければ，想像力ははたらかない。彼らは，他人の経験を受け継ぐことができないことから，自分にとって未経験の行動（殺害）が他者に及ぼす結果について想像することができず，傍目からは「無機的」にみえる理由によって殺人にまで至ることがありうるのである。

5 精神障害と殺人

1——はじめに

筆者は長く児童精神医学の臨床に従事してきた。しかし，患者が家庭内暴力や自傷行為などの問題を起こすことにはしばしば出会うが，自分自身の患者が殺人事件を犯したという経験は幸いにも有していない。それが児童精神科医の一般的な体験であろう。

われわれが殺人事件とかかわりをもつのはむしろ，殺人を犯した犯人が精神障害に罹患しているかどうか，あるいはその責任能力はどうかといった司法鑑定においてであろう。筆者自身は数例の司法鑑定を経験したことがあるが，それほど多いわけではない。それゆえ，筆者の経験に基づいた論述をここで行うことは困難である。また，この領域はこれまでわが国であまり研究が進んでおらず，文献もあまり存在しない。それゆえ，本項で十分な検討を行うことは困難である。

2——精神障害とは

本項では，精神障害と殺人について論じることになっているが，ここでいう精神障害とは何であろうか。すでに，非行・犯罪と殺人，薬物依存と殺人，発達障害と殺人といった項目が先にあげられているが，これらの項目は，いずれもアメリカ精神医学会の診断基準DSM-Ⅳ（American Psychiatric Association, 1994）に含まれており，精神障害であることは一般的に認められている。しかし，本書ではそれらの障害は精神障害とは別に取り上げられているので，ここでは精神障害として，統合失調症などの精神病のみを取り上げる。

しかし，先にも述べたように，児童・青年期の司法精神医学は，わが国では未開拓の分野であり，個々の鑑定例はあるであろうが，実証的研究はきわめて少ない。それゆえ，ここでは精神病を主眼にはするが，それ以外の精神障害も含めて考えていくことにする。

3——青少年の殺人事件の実態について

ところで，このように青少年の殺人問題が取り上げられるのは，マスコミなどによる青少年事件の凶悪化などの指摘があると思われる。松田（2001）によると，法務省の「検察統計」では，2000年５月から2000年12月までの重大少年犯罪として，19件が報告されている。この年は世間を震撼させるような事件が少年によって引き起こされた時期である。その一部を以下にあげてみる。

①17歳の男子高校生が64歳の主婦を刺殺した。

②17歳の少年が高速バスを乗っ取り，乗客13人を殺傷した。

③17歳の男子高校生が，バットで下級生４人を殴り重軽傷を負わせ，母親をバットで殴り殺害した。

④15歳の男子高校生が一家６人を殺傷した。

このように，当時話題になった事件が多く含まれている。もちろんこれらの殺人事件が精神障害によるものかどうか，新聞記事などから断定することはできず，その点に関しては，正確な鑑定を待たざるを得ない。

ところで，問題なのは青少年による殺人事件が増えているのかどうかである。犯罪白書によると，少年による殺人検挙数は1951年（昭和26年）の448件と，1961年（昭和36年）の448件がピークであり，1999年は110件である（松田，2001）。このように少年による殺人事件といった凶悪犯罪は第２次世界大戦後の混乱期に多く，近年はかなり減少した状態が続いている。

そうしたなかで，精神障害者による殺人が何例あるのか，おそらく明確なことはわからないと考えられる。それゆえ，精神障害が殺人という重大犯罪にどの程度関与しているのか，その割合は不明といわざるを得ない。

ところで，アメリカでは青少年による大量殺人が問題となっており，メロイら（Meloy et al., 2001）によって研究が行われている。彼らによると，少年による殺人は過去10年間に減少しており，殺人によって逮捕された少年の数は1993年から1998年までの間で50%以上減少していた。1997年における若者の死因で最も多かったのは交通事故で11,863名であったのに対し，学校での意図的殺人は27名にすぎなかった。しかし，そうしたなかで，青年期の大量殺人は増加しているようにみえると述べている。彼らは，34名の大量殺人者について検討を行っているが，そのうち，37%の者が精神医学的既往を有していたとしている。そのうち4名は抗うつ薬で治療されており，1名はメチルフェニデートで治療されていたと記載されているが，それ以外には正確なことはわからない。さらに，大量殺人を犯したときに精神病症状が存在したかどうかについての検討も行っているが，わずかに２名（６％）の者に妄想，幻聴，幻視，現実検討の喪失を疑わせる症状がみられたにすぎなかったという。

また，うつ病を疑わせる者が何例かみられたが，DSM-Ⅳで診断をつけるには至らなかった。

精神医学的な問題については，さらに人格障害の問題が記載されているが，いわゆる精神病は大量殺人においてそれほど顕著な役割は演じていないようである。

4――タイプ分けによる分類

少年たちの殺人事件，殺人未遂事件を検討し，それをいくつかのタイプに分けようとする試みがなされている。わが国でも家庭裁判所調査官を中心に，殺人および殺人未遂事件を犯した15例を対象に実証的研究を行い，以下のように，３つのタイプに分けている（山崎，2001）。

①幼少期から問題行動を頻発していたタイプ

幼児期，小学校低学年から問題行動や非行をくり返し，生後10数年の間に問題が増幅され，いくつかの要因が重なった末，殺人に至っている。

②表面上は問題を感じさせなかったタイプ

幼少期から特別な問題はみられず，むしろおとなしくて目立たず，一見すると，環境に順応しているようにみえているが，突然，重大事件を起こすに至っている。

③思春期になって大きな挫折を体験したタイプ

親の期待に応えて勉強やスポーツなどで活躍し，甘やかされて育っている。思春期になり，親の期待に応えられない挫折を経験し，プライドが大きく傷つけられたときに，精神的に不安定となり，ささいなことをきっかけに衝動的に殺人に至っている。

この分類には，人格特徴，家族関係などの記載はあるが，山崎（2001）の記載からはいわゆる精神障害に関しては考慮されていないようである。

さらに，ベネデックとコーネル（Benedek & Cornell, 1989）も，少年による殺人の理解のためにタイプ分けを行っているが，そこでは，数の少ないほうから，以下の3型に分けている。

①明らかに精神病のもの。

②しばしば家族成員とのひどい対人的葛藤にかかわっているもの。

③しばしば強盗やレイプなどの他の犯罪の過程で殺人を犯すもの。

ここでは精神病は殺人を犯す1つのタイプとして取り上げられているが，最も頻度が低いものとして扱われている。

ところで，ベンダー（Bender, 1959）は殺人を犯した16歳以下の子ども33名の研究から精神医学的に危険な症状として，次の6つをあげている。

①衝動障害と脳波異常あるいはてんかんをともなった器質的な脳障害

②死を取り巻く問題や，殺害や反社会的な問題に妄想的に没頭する児童期分裂病

③強迫的な放火

④敗北的な学業の遅れ（読字障害）

⑤極端に望ましくない家庭状況や人生経験

⑥暴力による死の個人的経験

このような症状をベンダーは危険な症状としている。しかし，ここでも，脳の器質障害や死や殺害の問題に没頭する児童期分裂病を危険なものとしているが，それ以外にも社会環境的な問題が危険因子としてあげられている。

これ以外にも，殺人を犯す青少年の特徴としてさまざまな研究者による指摘がなされており，その結果として，多くの診断カテゴリーが存在することになる（Myers & Kempe, 1990）。また，殺人を犯す青少年にどの程度精神障害が存在するかという頻度に関しては，標準化された診断分類を用いた研究が存在しないために，明確なことを述べることができない（Myers & Kempe, 1990）。

そのような問題を克服するために，マイヤーズとケンプ（Myers & Kempe, 1990）は14例の殺人を犯した青少年を対象に構造化面接によってDSM-Ⅲ-Rによる診断を検討している。その結果を表2-3に示すが，すべての症例が少なくとも1つの診断名に合致していた。また，殺人行為を犯した時点では，14例中13例（93%）が少なくとも1つの精神医学的診断に合致していた。診断としては，行為障害が最も多く，86%の者がこの診断に合致した。しかし，精神病性障害や双極性障害の診断はみられなかった。ルイスら（Lewis et al.,

表2-3　14名の殺人を起こした少年のDSM-Ⅲ-Rによる診断
(Myers & Kempe, 1990)

診　断	人　数	%
行為障害	12	86
集団タイプ	1	7
孤立攻撃タイプ	5	36
未分化タイプ	6	43
反抗挑戦性障害	1	7
注意／欠陥多動性障害	2	14
不安障害	7	50
過剰不安障害	1	7
単純型恐怖	1	7
分離不安障害（過去）	5	36
精神活性物質使用依存障害	7	50
アルコール乱用	1	7
多物質依存	6	43
コカイン	2	14
大うつ病（過去）	1	7
機能性夜尿症（過去）	1	7

1985）は殺人を犯す青少年のなかに精神病症状を示す割合が高いと述べているが，この結果はマイヤーズとケンプ（Myers & Kempe, 1990）の結果とは異なったものであり，青少年の殺人と精神障害の関係は必ずしも明確ではないと考えられる。

5──日常臨床の視点から

これまで，青少年の殺人をめぐる問題を主として文献を参照しながら検討してきた。ここで，筆者の臨床経験に立ち返り，わずかばかりのことを述べてみたい。

先に述べたように，筆者自身は自分の患者が殺人を犯すという不幸な体験をこれまでしていない。それゆえ，自分の臨床経験に基づいて述べることはほとんどできない。

しかし，これまでの文献検討からは精神病が関与する殺人事件というのは思いのほか少ないというのが印象である。ただ，児童期の精神病は，長期間にわたって，前駆症状として何らかの行動上の問題や神経症様症状を示すことがあり，幻覚，妄想などのはっきりとした精神病症状を呈するようになるまでかなりの時間を要する場合がある。そのような前駆症状の時期に事件を起こした場合，精神病の診断は困難である。このような状況では，青少年の精神病と殺人事件の関連については慎重な検討が必要となるであろう。

Column ⑧

長崎の男児殺傷事件

2003年7月，長崎市内の大型電器店において男児が行方不明となり，数時間後に少しはなれた立体駐車場で遺体となって見つかるという事件が発生した。捜索の結果，市内の中学に通う1年生の少年（当時12歳）が補導された。少年は男児を立体駐車場に誘い込み，性器をハサミで傷つけるなどのいたずらをした後，衝動的に男児を屋上から突き落としたとされる。審理の結果，少年は児童自立支援施設に送致された。

この少年は精神鑑定の結果，アスペルガー症候群であると鑑定された。これはコミュニケーションや社会性に関しての障害をもつ発達障害のひとつである。1つのものへの過剰な執着といった今回の犯行形態からは，この障害の行動特徴が想起できる。しかしながら，「アスペルガー症候群」であることが殺人に直結するわけではけっしてない。専門家からは診断名が一人歩きすることが危惧されている。

むしろ診断名は，少年へのよりよい対応を吟味する道具としてこそ使われるべきである。というのも，軽度の発達障害を抱える少年は，周囲からその問題性が発見されることが難しい場合があり，叱責や励ましを受けることがしばしばある。そして，そのことが本人にとって過剰なストレスとなり，自己評価が低められるといった二次的障害につながりやすいことが知られているからだ。

実際のところ，この少年については幼少時から，手先が不器用，図形が描けない，運動が不得意といった行動特徴が認められていた。また，衝動的でパニックに陥りやすく，学校教師や母親の叱責に混乱して，癇癪を起こしたり，逃走したりすることも頻繁にあった。こうした行動特徴は，この少年がアスペルガー症候群である可能性を想像させるものの，言語発達に遅れがみられないことや，学力などに遅れがないことなどから，周囲からはその問題性が見逃されていたという。母親は幼児期から，周囲からは過剰なまでのかかわりとみなされるほど，少年につきっきりで行動・勉強面での特訓をくり返したという。学校側も，落ち着きが極端になかったものの，特に問題とは認識しなかった。そして，運動が不器用なことについては単純に励ましたり，叱責の対象となったりしたという。

もちろん以上のような対応は，この少年が障害だという認識がなかったために起こったことであるが，単純に学校や親を批難するのは建設的ではない。むしろ必要なのは，早期に問題を発見し，適切なケアを保証することで，親や学校を支えるシステムの構築である。今後，非行事件への対応にも，精神医学とのさらなる連携が求められるだろう。

Column ⑨

沖縄の中学２年生暴行死事件

2003年７月，沖縄県北谷町において，同年６月下旬から行方不明となっていた，付近の公立中学に通う２年生の少年Ａ（当時13歳）が遺体で発見された。捜査の結果，同中３年生の少年Ｂをはじめ，男女４人が事件にかかわっていたことがわかった。加害少年グループは少年Ａに対して殴る蹴るの暴行を長時間にわたって加え，殺害したとみられる。加害少年のうち，少年Ｂは刑事裁判を受けることとなった。

今回の事件では，その全体像をめぐって，相反する複数の意見があるようだ。たとえば，少年Ａ，加害少年グループは，ともに新学期当初よりほとんど登校していなかった。深夜までいっしょに出歩き，友人宅を泊まり歩くこともあったという。このような状態のためか，当初，学校側は被害少年が「いじめ」を受けているという事実を認識していなかった。また，一部の生徒は，当該の少年たちは仲が良いとみていた。

しかし，その一方で，事件後に校内で実施された匿名アンケートでは，少年がいじめられていることを指摘する答えもあった。少年Ａから直接にいじめられていると相談された知人も現れた。また，加害少年については，両親の協力も得られず関係をつなぐことはできなかったが，少年Ａについては，担任の熱心な家庭訪問や声かけにより，担任との信頼関係が徐々に築けてきていたこともわかってきた。

このような多様な事実が，バラバラにでてくるところに，今回の事件の特徴があると思われる。すなわち，当該の少年たちと，どのようなかかわりをもっていたのかによって，少年Ａが生きていた多様な「現実」のうち，ある部分は見えやすく，ある部分は見えにくくなっており，全体像が見渡せる位置にいた人物がほとんどいないということだ。複雑化した現代社会にあってこうした傾向は強くなっていると思われる。

世間では「いじめ」に気づけなかった学校を批難する声がある。しかし，家庭は放任状態，少年は無断外泊をくり返すといった状態にあって，学校が単独でかかわっても得られる情報にはおのずと限界がある。どこか１つの立場を批難するのではなく，むしろ，多くの立場が視点をすりあわせて協働していくための方法論を考えていくべきだろう。その必要性は上記のような問題へのかかわりを考える時にますます認識される。

昨今，非行問題に対して，学校や警察，児童相談所といった複数の機関の連携が求められている。まず大事なことは，それぞれの機関が，自分たちの立場からの「見え」を開示し，自らの立場に固執することなく，当該少年が生きる「現実」をより多角的に共有することだ。そのことは問題へのよりよい理解・介入につながると思われる。

Column ⑩

ストーカー殺人

1999年，埼玉県桶川市で21歳の女子大生が何者かによってナイフで刺され，病院に運ばれたが出血多量で死亡する事件が起きた。桶川女子大生ストーカー殺人事件である。この事件では，交際相手であった男性が交際を断られたという理由で執拗な脅迫を続け，知り合いに殺人を依頼し，依頼されたその知人が女子大生の殺害に至った。殺害までの過程のなかでくり返される信じがたい嫌がらせに，当事者の女子大生やその家族は再三警察に訴えるが，当時「民事不介入」の名目のもと，警察は彼女の訴えを取り上げることもなく，やがて彼女は殺害されてしまうのである。

この事件以来，ストーカー問題は誰にでも，そしていつでも起こりうる身近な犯罪として，きわめて重要な社会問題となってきている。被害者やその家族からの訴えが，ややもすると「恋愛関係のもつれ，個人的な問題」「つきまとわれたり嫌がらせをされたりするのは被害者のほうが何か原因になることをしたのではないか」「はっきり断れないほうが悪い。態度が優柔不断なのではないか」などと，警察に訴えても「民事不介入」の名目のもとに，その訴えがきちんと受けとめられないできた。被害者およびその家族からの支援要求に関して，警察を含めた当事者以外の人々における危機意識の低さと支援対応の遅れがある（この桶川女子大生ストーカー殺人事件をきっかけに，2000年5月18日，ストーカー規制法：ストーカー行為等の規制などに関する法律が成立，同年11月施行された）。

ストーカー犯罪は，被害者のプライバシーに関してきわめてデリケートな問題を含んでおり，被害者が第三者に支援を求めにくい場合が多い。またそのような状態を導いたのは自分の態度や行為がいけなかったのではないかと，自責の念にさいなまれることも多い。しかし同じような状況におかれたすべての人間がストーカー行為を行うわけではない。そこにはものごとに対して自己中心的な見方しかできない傾向をもち，自分の欲求を満たすためには脅迫・暴力，果ては殺人さえも実行してしまう，ゆがんだ性格傾向の持ち主が存在する。ではそのような行為に対してわれわれはどう対処すればよいのであろうか。ストーカー行為を行う人物は，一般にものごとを自己中心的にとらえ，自分の思い通りにいかない場合は他罰的に相手がすべて悪いと決めつける。そして執拗に相手に接近してくる。執拗な申し出を断ることは非常に難しい。断り続けることに疲れ果て，妥協してしまうことも多い。しかし適切な対応が行われることによって，被害が大きくなるのを防ぐことができる。現在，警察署にはストーカー問題の相談窓口が設けられている。自分ひとりだけでストーカー行為に対処するのは難しい。周囲の協力を得て，被害を最小限に食い止めることができると考えられる。

Column ⑪

殺人に至るいじめ―大人たちのファンタジーを思う―

「きもっ」「けっ」「こわっ」……通りすがりにつぶやいて，他人を不愉快な思いにさせていくいじめ言葉である。「自作自演だろっ」……本当は自分がいじめているのに，いじめられた状況をつくり出して被害者ぶっていると相手を批判する。そして，「死ね」。学校現場では，このようないじめによる恐怖を抱きながら教室のなかで耐えている子どもたちも少なくない。

学校におけるいじめが世間の耳目を集めるようになったのは，今から約20年前である。1986年２月に，東京の当時中学２年生だったＳ君は，クラスメイトや教師からの「葬式ごっこ」に代表されるいじめによって，あの世に逝ってしまった。その後も，いじめを苦に自殺する事件は後を絶たず，彼の死から約８年後にも，当時中学２年生のＯ君が，恐喝や身体的苦痛をくり返し受けて，自らの命を断った。このように，学校生活におけるいじめは，相手を殺す凶器である。

心ない人たちが，メディアのなかで，いじめられている子どもを批判する場面に遭遇することがある。たとえば，「いじめられている子の性格が○○だから，いじめられても仕方ない」といった種類の発言である。これはどう考えてもおかしい。特に，有識者がこのような発言をしているのを耳にすると，強い不快感を抱く。

一方，犯罪者となった少年をメディアが批判することは多いし，なるほどと思う意見に出会うこともある。そのなかには，テレビゲームで育っているから人との関係を築けないとか，バーチャルな空想世界と現実世界との識別能力が欠如しているといったように，子どもたちのファンタジーを疑問視する論調がある。しかし精神分析家であるミッチェル（Mitchell, S. A.）は，精神分析学という理論を用いながら，心の発達において障壁となるのは，ファンタジーではなく，「ファンタジーを適切に育てる環境の不足にある」と述べている。精神分析とは，現在の人間関係で生じた問題を，過去の重要な養育者との人間関係のなかから理解し，解決しようと試みる手法である。一般に，過去の重要な養育者は親であることが多い。すなわち，過去の親との関係は，その人の現在の人間関係を読み解くうえで，重要な鍵となる。被害者を簡単に批判してしまうような大人の側のファンタジーの欠落や，子どものファンタジーを適切に育てる環境をつくれなかった大人の側のファンタジーの欠落，そして，そんな大人たちが子どもに及ぼす影響など，大人たちが直面している課題こそ深刻である。心の傷は外からは見えない。子どもたちの成長を考えるとき，子どもたちのファンタジーを適切に育てる環境を大人たちが整えられるように，まずは，大人たちのファンタジーを適切に育てる環境が求められているのかもしれない。

第3章

殺人に接近する青少年への対応と予防策

第1節

殺人に接近する青少年に対応する際の原則

「殺人」とは，怒りやストレスを極度に溜め込んだり，強い怒りの衝動を抱いた人が，それをコントロールする力を見失ったところに生じる現象と考えることができる。しかるに，通常，そこには必ず理由や動機が存在する。乳幼児期に親からの愛情を受けられなかったために，他人を信頼することができず，ある状況下でカッとなって殺人を犯すという場合もあるし，生育史において欲求不満耐性が十分に育まれてない人が，ちょっとした不満がもとで感情が爆発して殺人を犯すというようなケースもある。

いずれにしても，過度の怒りやストレスを溜めないことが，「殺人」という行為を未然に防ぐ上で，最も重要なことといえる。しかるに，このような怒りを溜めやすい青少年とかかわったり援助したりする側にある人は，日ごろから彼らとコミュニケーションを密に取りながら彼らの感情の解放を目指すとともに，その適切なコントロールの仕方について助言していくという点が，最も重要な役割となるであろう。

本節では，ウィリアムズとウィリアムズ（Williams & Williams, 1993）を参考に，「殺人」に接近しようとする青少年への具体的な対応方法のいくつかを紹介したいと思う。なお，これは，「怒りのセルフコントロール法」として紹介されているものであるが，そのような青少年への対処方法としても十分援用可能と考えられる。これらの方法のなかから，適宜，いくつかの方法を選択しつつ，実際の青少年とのかかわりに利用していただければと思う。

①自己説得法

これは，「自分に語りかける」という方法であるが，対応という観点からすれば，その人に冷静に自問自答するよう促すということになる。つまり，怒りが生じたときに，自問自答しつつ，理性的に状況をふり返って，「怒りを捨てなさい」と自分に語りかけ，自らに，怒りを捨てて冷静になるように，暗示をかけさせるのである。

②ストップ法

自分の敵対的な態度や考えに気づいたら，それに向かって「ストップ！」と心のなかで叫ぶよう促す。自己の理性を呼び起こし，冷静になるようにするという意味では，自己説得法と類似しているといえる。

③紛らわせ法

「怒り」が生じてきたときに，それに過度にとらわれるのではなく，その状況のなかで他に意識を集中できる対象を見つけてそれに没入することを促す。たとえば，好きなスポーツをしたり，音楽を聴いたり，おもしろい本を読んだり，仲の良い友達とおしゃべりをしたりなどして，できるだけ注意を他に向けるように促す。

④瞑想法

「怒り」が生じた状況に，ひとまず「タイム」をかけ，その状況からいったん身を引き，己の心に没入し，気持ちを落ち着かせるように促す。つまり，物理的・心理的にうまく「その場を去る」ことを学習してもらい，興奮状態をやり過ごすことができるようにする。

⑤節制法

ニコチンやカフェイン，酒，甘いものなどの刺激物を摂取することは，興奮を増幅させることにつながる。しかるに，「怒り」の状況では，これらの刺激物の摂取をできるだけ避けるよう，指導を行うことが必要である。ゆったりと座って，刺激の少ない水やお茶などを飲むのは，効果的な方法といえる。

⑥主張法

「怒り」の状況にあっても，あえて相手に敵対心をもっていないという態度を示すよう促す。こうすることによって，「怒り」の泥沼に陥ることを未然に防ぐことが可能となる。相手に怒りをぶつけているだけでは，ストレスを増幅させるだけに終わってしまう。

⑦ペット法

ペットを飼って世話をすると，怒りが緩和されたり，孤独な世界から抜け出す道が見えてくることがある。したがって，怒りや敵対心が強い人の場合には，ペットを飼うことを勧め，必要に応じて，心身のリフレッシュを図るのも，よい方法と考えられる。

⑧傾聴法

敵対的な人は，自分のことばかり考える傾向が強い。人の話の途中に口を挟んだり，十分話を聞かずに話を遮ったりしがちである。その意味で，相手の言っていることを最後までしっかり聞くという習慣を身につけさせることも，重要な点である。

⑨信頼法

人を信じることを学べば，人の行動の善し悪しにいつでも目を光らせて，そのようなことで疲れきってしまうということもなくなる。怒りや敵対心の強い人は，そもそも人に対する信頼が希薄で，猜疑心が非常に強い。「人は信頼できるものである」ということを教えるとともに，徐々にその実感をもってもらうよう援助する必要がある。

⑩社会奉仕法

ボランティアなど地域の社会奉仕の一端を担うことで，他人との連帯感を強めることができる。「怒り」の感情の強い人は，人を信頼せず，人の心の温かさも知らないことが多い。よって，大勢の人と，目的に向かって協同して働くことは，そのような人間の心情を体験的に学ぶ絶好の機会になると考えられる。

⑪共感法

自分のことばかり考えるのではなく，他人の心の中に自分を投影して，感情移入をするように促す。つまり，自分が「怒り」を抱いている他者の心の中に身を置いて，冷静にその人の見方や感じ方，行動の意味などについて考えさせるようにする。そうすることによって，場合によっては，誤解や行き違いなどに気づくことも可能となる。

⑫寛容法

寛容さをもたないと，他人の行動がまちがっているように思え，そのたびに腹を立てざるを得ない。「怒り」の強い人は，他人の行動を悪意をもって見がちであるが，人間にはさまざまな個性があるものであり，ある程度，それを我慢するという態度を育てることが重要である。

⑬許容法

寛容法と重なる点もあるが，「怒り」の原因となる相手の違反行為を許すという態度をとるように促すことも大切な点である。怒りを相手にそのままぶつけるのではなく，勇気をもって「許す」という姿勢をとることも，問題を大きくしないために重要だということを教育するのである。

⑭親友法

親友は，お互いの人生において，重要な意味をもつ。当然，精神的・肉体的に助けが必要となったときには，いつでもこの人に相談できる。そのような親友をつくるよう助言を行うことも，過激な言動を予防する意味で，重要なことと考えられる。

⑮ユーモア法

ユーモアを使って，マイナスの感情をプラスに転じるように促す（自分自身の欠点や，自分が失敗してしまった状況を，笑いの種にする）という方法もある。これは，「怒り」に基づく緊張感を解きほぐし，新たに前に進むエネルギーを生み出すうえで，非常に有効な方法である。

⑯宗教法

これは，やや特殊な方法であるが，宗教的なグループの集まりに足を運んでもらうという方法である。心の平安を保つという観点から，効果的な場合がある。場合によっては，このような方法を教えていくことも，その人が「怒り」のコントロールの仕方を学ぶうえで，役立つ可能性がある。

⑰「最後の日」法

今日が人生最後の日だと考えさせる方法である。死を突きつけられた人間の目で世界を見ながら一日を過ごしてもらうと，上記に紹介したような他人との関係を改善する方向の方法を，何としても使いたくなるものである。「怒り」が生じた場合には，このようなやり方も，有益に作用する場合がある。

以上，怒りや敵対心をもちやすい青少年にかかわる際に，利用可能ないくつかの方法の紹介を行った。これらは，彼らが「殺人」という行為に至るのを予防するという観点から，役立ち得るのではないかと考えられる。そして，彼らに接する大人たちも，けっして感情的になることなく，冷静に，彼らの理性に語りかけていくという姿勢をもつことが，必要とされているのではなかろうか。

第2節

殺人に接近する青少年への対応

1 普通の青少年による問題解決としての殺人

1——はじめに

猟奇殺人や精神障害のある者による殺人は，社会が大騒ぎするため，犯人に対し慎重な処遇が行われるし，ときにはそれにあわせて制度上の変更までされる。ところが，普通の青少年の殺人犯には，これといって特別な処遇が行われない。しかし，精神障害のない普通の青少年は，ほうっておけば立ち直るというわけでもない。普通の青少年であるからこそ，殺人に至る背景要因は複雑である。それらをていねいにひもとき，適切に対処していくには，多くの手間と長い時間がかかる。また，犯行を未然に防止しようとしても，精神障害のない普通の青少年であるがゆえに，司法福祉などの網の目にもひっかからず，予防的な措置がとれないことがある。もう少し手間をかければ，もっと効果的に犯行を防止できるし，不幸にして犯行に至った場合も立ち直りを促進できると思われる。しかし，これまで普通の青少年に適切な予防や処遇などが行われてきたわけではない。

以下，第２章第３節で取り上げた普通の青少年による殺人の２類型，集団でエスカレートして殺人をした者と連れ子殺しについて，それぞれを予防する方法や犯行後の対応について説明していく。

2——集団でエスカレートして殺人をする者への対応

(a) 予防

犯罪が予防できるのであれば，それに越したことはない。特にそれが重大な事犯であればなおさらである。もちろん，自信がない一方で承認欲求が強く，逸脱に対し許容的な者たちが集団を形成した場合，必ず殺人を引き起こすというわけではない。しかし，だからといってその集団が何かよいことをするとは考えにくいだろう。そのような集団を見つけたら，ただちに解散させるのが最も望ましいように思える。

しかし，一般の人がそのような強制手段をとることはむずかしい。たとえ親であっても困難であろう。危険ですらある。解散させようとして近づいた者が帰らぬ人となる可能性が高いのである。したがって，もし，明らかに見栄や虚勢を張り合った若者たちが集団をつくり，不審な行動をしているのを見かけたら，自分で何とかしようとせず，警察に連絡するべきであろう。集団となった彼らは，自力で自分たちの行動をとめることができない。外部からの力でも制止はむずかしい。ただし，そのような彼らでも，単独であれば，従順でおとなしい場合がある。親，学校の先生や近隣の者が効果的なはたらきかけを行うことができるとしたら，このような１人でいるときしかないだろう。

彼らは，自分の所属集団の評価にこだわっているが，それは自信がなくても見栄や虚勢を張ることで承認してもらえるからである。このように見栄を張った自分を他人に見せることは，自己呈示をしているといえる（國吉, 1997)。また，仲間から評価されることで自分の有能さを確認しようとしているともとらえられる（岡本, 1997, 1998)。

このような行動は，人間が社会生活を送るうえで多少の違いはあるものの誰でもしていることである。見栄を張ることは必ずしも悪いことではない。われわれは，他人の前でいいところを見せようとするからこそ，がんばったり努力したりする。ただ，その程度や相手が問題なのである。

もし彼らが社会的に望ましいと考えられる集団，たとえば学校，職場や趣味のサークルなどで自分が評価されていると感じられると，そのような集団の規範に応じた行動をするだろう。すなわち順法的な行動ができる。たとえ，まじめな行動をすることに自信がなくても，認めてもらいたいという強い動機づけがあれば努力するはずである。しかし，そのためには，これまでの自分では幸せになれないという気づき（白井ら，2001）が必要になる。このような気づきを促し，逸脱行為を続けていては損をするということをはっきり示すためにも，逸脱する者を許容するべきではない。しかし，立ち直ろうという意思を示したときには援助を惜しんではならない。生活が安定するまでは支えとなる人が必要だからである。

（b）犯行後の対応

集団で行動がエスカレートして殺人をしてしまった者たちは，同様な犯罪をくり返すだろうか。捕まることがなければ反復するおそれはある。実際，最初のリンチ殺人のあと，堰を切ったように同様な殺人をくり返したケースがある。しかし，捕まってしまって少年院や刑務所に送られ，出所した後ではどうだろうか。そのような追跡調査がきちんと行われているわけではない。おそらく，立ち直ることができなかった者と立ち直った者とにわかれると思う。立ち直ることができなかった者は，依然として不良仲間の前で見栄や虚勢を張る生活を続け，一般社会にうちとけることができなかった者であろう。

一方，立ち直った者というのは，犯行時の仲間との関係を断ち切り，自立した生活を送ることができた者だろう。もちろん，立ち直った背景には，先に述べたような，逸脱行為をしていては幸せになれないという気づきがあったはずである。ところで，この気づきが自然に生じたという者は少ないのではないだろうか。というのも，犯行後捕まった彼らのようすを見ると，事件への反省がまったくないか，不十分な者がほとんどだからである。

彼らは，その行為の残虐さと反比例するかのように罪障感が乏しい。自分たちが殺したという認識が不十分な者もいる。自分ひとりでなくみんなでやったということや，もともと殺すつもりがなかったということから，自分たちのやったことの結果に実感をもてないでいる。たしかに，致命傷を与えたのは仲間のうちの，せいぜい１人か２人である。そのほかの者のなかには，被害者が絶命するところを見なかった者や，被害者に触れることすらなかった者もいる。そのような周辺的なかかわりだった者は，自分がやったのではない，自分は関係していないと思っている。しかし，彼らがみな被害者が死に至るまでの過程においてそれぞれ必要な役割を担っていたのはまちがいない。

率先して暴行を加えていた者や，致命傷を与えた者も，自分だけが悪いのではないと思っている。みんなの期待に応えようとしてやったのだから，みんなが悪いのだと思っている。しかし，率先してやった者やとどめを刺した者がそのような行動をしなければ，被害者が死ぬことはなかったはずである。

さらに，犯行にかかわった者のほとんどは，自分は運が悪かっただけだと考えている。なかには死んだ被害者に怒りを感じている者や被害者が自分たちを困らせるために死んだとさえ思っている者がいる。つまり，自分こそ被害者であると考えていることがある。

処遇していくにあたっては，まず，彼らのこのような考え方の誤りを正していくことが必要になる。そのうえで，不良仲間の前で見栄や虚勢を張るこれまでの生活態度が，自分の将来の幸せを約束しないことに気づかせることが重要になる。

3――連れ子を殺す者への対応

(a) 予防

連れ子殺しの防止について考える場合に大切なことは，死なせないというだけではなく，暴行そのものをやめさせなければいけないということである。というのも，虐待を受けた子どもはその後精神的に大きな後遺症を残すからである。その後遺症のなかでも特に重大と思われるのが，虐待をされた子どもがまた自分の子どもに対して虐待をするようになることである。つまり，世代を越えて悪循環が続く（池田, 1987）。この悪循環を断ち切るためにも，暴行をやめさせなければならない。

虐待の防止のためには，なるべく早い段階での発見・介入が望ましい。父親に対し，過度の体罰がもたらす弊害について理解させるとともに，夫婦関係の改善を促すなどしていくことが必要である。ただし，一般の人が他人の家庭のなかに入ってそのようなはたらきかけを行うのはなかなかむずかしい。

そのほかの防止策としては，隣近所が積極的に連絡をとりあい助けあうような地域社会をつくっていくことがよいだろう。虐待を生み出す家庭は社会的に孤立してしまっていることが多いからである。しかし，そのような雰囲気のある地域社会であっても，近所づきあいを拒絶し，孤立し続けようとする家庭はあるだろう。それはそれでやむを得ないことである。そのような家庭に対しては注意深く見守り，虐待の疑いを感じたら，すぐに，最寄りの児童相談所に連絡するべきである。

(b) 犯行後の対応

連れ子を殺した者は同じような犯罪をくり返すだろうか。連れ子が１人しかいなければもう同じような被害にあう者はいない。連れ子が２人以上いるとその可能性はあるが，１人が亡くなった時点で妻との関係が完全に破綻してしまい，妻は子どもを連れて家を飛び出すのではないだろうか。ただし，彼が別の子連れの女性と結婚したら，同様なことをする可能性はでてくる。

それでも，同様な事犯をくり返す可能性はそれほど高くないだろう。その理由は，彼らが，自分の行為の結果について大きな衝撃を受けているからである。たとえ，血がつながっていない子どもであっても，自分の家族の一員を殺してしまったというのは大きなショックである。

ただし，捕まったあとの彼らのようすというのは，一見，平静なようにみえることがある。そのようなようすをみて，「子どもを殺して平気な顔をしている」「反省していない」などと非難する者がいる。しかし，それは彼らの内面をみていないからそのように思えるのであって，内心は深く傷つき，動揺している。事件のことがまだ信じられないといった気持ちや，彼らなりに精神の安定を必死に保とうとして，事件のことを忘れようとしたり，考えまいとしているのである。

このような状態では，周囲からのよかれと思うはたらきかけが効果をあげない。たとえば，事件についての考えや内省を深めさせようとして，事件についてどう思うか話をさせようとしても，ぼんやりとした答えしか返ってこない。少年院や刑務所を出たあとの生活をどうするのかたずねられても，なかなか具体的に答えられない。

しかし，彼らの話をよく聞くと，夢のなかで殺した子どもが出てきたりするといったエピソードが多い。彼らは彼らなりに，自分の行為の重大性を受けとめている。しかし，先に書いたような防衛的な機制がはたらいているために，自分の内面と向き合うことができない。そこで，処遇していくにあたっては，このような防衛を取り払い，自分の内面と向き合わせ，内省を深めさせていくことが大切だが，むやみにそれをさせると，罪への自責を受けとめられず，自殺することがあるだろう。

彼らを処遇していくうえで最も注意しなければならないのは，彼らもまた被害者（遺族）であるということである。つまり，加害者が被害者の遺族にもなっている。昨今，被害者や被害者遺族へのケアの重要性がいわれているが，それと同じようなことが，連れ子殺しの加害者にも必要なのである。

さらに，妻との関係の問題も残る。離婚してしまえば，ある意味それで問題は解決するが，妻との間に実子がいた場合はそうはいかない。少年院や刑務所を出所後，いっしょに暮らすこと，あるいは連絡を取りあうことといった現実的な問題について考えておかなければならない。また，妻も犯行に加担した場合は共犯者ということになり，同時に少年院・刑務所に送られる場合がある。もし実子がいたら，両親が収容されている間は親類や施設に預けられることになる。出所後，家族をどのように再生させるか。注意深いケアが必要である。

2 非行・犯罪と殺人

1――殺人類型別にみた基本的な対応方針について

第２章第３節２では，殺人を犯して刑務所に入所した青少年の実態を類型別に記述したが，これら受刑者への対応はいかにあるべきであろうか。殺人の態様も殺人者の資質も千差万別であるので，基本的には，受刑者の問題性に応じて個別に検討されるべきものであろう。実際，分類センターにおいては，受刑者の改善更生に資するため，心理技官が中心となって個々の受刑者ごとに詳細な処遇指針を作成している。とはいえ，先に見たとおり，殺人類型ごとにある程度共通した資質や対人関係上の問題点も見いだされたので，本項では，まず，先に記述した殺人類型別に，対応のうえで基本的に押さえるべき点を論じることとする。

(a) 類型１：対人葛藤型

対人関係において不満や葛藤を抱きやすいが，率直な感情表現ができず，内面に不満をうっ積させやすいこと，視野が狭く，柔軟なものの考え方ができないことなどが指摘される事例が多い。被害者は，親族，恋人，比較的近い関係にあった友人などであるため，恨みや反感から激情的に犯行に至ったにせよ，犯行後は，身近な存在を喪失したり，傷つけたりしてしまったことによる精神的動揺を有している場合も多い。受容的なカウンセリングなどにより，まずはそうした精神的動揺を他者が受けとめ，理解を示すことで，事態を落ち着いて受けとめることができるようになり，罪障感も深まっていくことが期待できよう。

職業生活面ではそれほど崩れのない事例も多いので，作業や役割活動などの集団場面を通して，自己の意見を適切に主張する経験を積ませたり，多様なものの見方や柔軟な人への接し方を学ばせたりすることが望ましい。

（b）類型 2 ：心中志向型

性格特徴では，劣等感や抑うつ的な気分の強さ，依存心の強さ，協調性が乏しく孤立しやすいこと，内面で不満をうっ積させやすく自棄的な行動に走りやすいことなどが指摘される事例が多い。犯行当時は多額の借金を抱えて，追いつめられた生活状態にある者が多いが，その背景にはパチンコなどのギャンブルや飲酒への過度の依存がみられることが多い。

犯行において心中を図り，親族・恋人など親密な間柄の人を自ら殺傷しているという経緯から考えても，処遇上は，まずは自殺防止への配慮が重要であり，綿密な心情把握が望まれる。そのうえで，少しずつでも前向きな生活意欲がもてるよう，努力の成果を認めたり，何か得意なことを発見させたりして，自信を養わせることが望まれる。釈放後，再びギャンブルに溺れ，借金に依存するような生活に陥ることのないよう，受刑中に地道な勤労習慣を養うとともに，具体的な生活設計を樹立させることが必要である。能力や意欲のある受刑者には職業訓練を受けさせて，資格・免許などを取得させることも有益であろう。

（c）類型 3 ：私的制裁型

集団により殺傷が行われているので，まずは，そのような集団からの離脱を図ることが必要である。暴力団組員などの場合には，各地の刑務所で実施されている系統的な暴力団離脱指導を受講させることが望ましい。単なる仲間集団により犯行が行われた場合には，今後，不良交友をいかにして断ち切るのかについて，真剣に考えさせていく必要がある。

集団で行われているため，犯行の原因を，仲間に誘われたからとか，その場の雰囲気に乗せられてしまったからなどと，状況のせいにしたり，自らの犯行への関与を過小評価しようとしたりするなど，自身の問題に目を向けようとしない者が多くみられる。被害者やその遺族の心情に思いを馳せつつ，事件を見つめ直し，自らの責任をしっかり自覚できるよう，強力に指導していくことが必要である。その過程で，不良集団に居場所を求めた自らの精神的弱さや，暴力肯定的な価値観の問題性についても洞察させていきたい。後述するように，近年，各地の行刑施設（刑務所，少年刑務所および拘置所）において，被害者の視点を取り入れた教育が活発に実施されるようになってきたので，これらのカリキュラムを受講させることにより，内省を進めさせ，被害者やその遺族の心情への理解を深めさせることが望まれる。

(d) 類型4：隠蔽・利欲型

他の犯行が暴露されることを恐れて，あるいは，金や物が欲しくて殺人に及ぶという犯行動機からもうかがえるとおり，性格面の問題性が大きい事例が多い。具体的には，対人不信感の強さ，社会性や情緒発達の未熟さ，衝動性の強さ，忍耐力に欠け刹那的な構えが強いことなどが指摘される事例が多い。

乳幼児期以来，劣悪な養育環境に育ち，児童自立支援施設や少年院を複数回経験したにもかかわらず，その後も職に就かず，日常的にひったくりや車上狙いなどを行って生計を立てるなど，規範意識はきわめて乏しく，犯罪性が進んでいる事例が多い。犯行結果の重大性についての認識や被害者の心情への配慮に乏しく，入所時点までに被害弁償などが行われた事例はみられない。

このため，改善更生への見通しはけっして明るいものではないが，受刑中は，①職員との対話やふれあいを通して，素直な感情表出を支持しながら，他者への信頼感や感受性を育て，情緒の健全な発達を促していくこと，②集団生活を通して，最低限のルールを守って行動する必要性を実感させること，③作業を通じて社会適応への意欲や自信を育て，勤労中心の規則正しい生活を維持できるようにすること，④しょく罪教育などにより被害者やその遺族の心情について考えさせ，被害者の死を心から悼み，謝罪する気持ちを育てていくこと，などが望まれる。

(e) 類型5：妄想反応型

妄想などの異常な思考を背景にして殺人に至った者であり，当面は精神障害に対する治療を行うことが必要である。

事例によって，幻聴や妄想に動かされて大声を発したり，執拗な手洗いなどの強迫行為が観察されたりするほか，希死念慮をもつ者もおり，綿密な行動観察や心情把握が必要となる。

刑務所内でも通常の集団生活を送らせることは困難で，単独室処遇となる事例が多い。当面は，精神科医による治療を受けさせるなかで，精神症状の改善と自我の強化を図り，徐々に作業などの現実的な課題に取り組む姿勢を養っていくことが望まれる。

以上，殺人類型別に対応の基本として考えられる事項について述べてきた。今後，青少年による殺人事例への対応を考える際に少しでも参考となれば幸いである。ただし，これらは今回類型化の対象とした事例のいわば典型例に基づく指針であり，実際の事例について対応を検討する際には，このような典型例を念頭に置きながらも，事例ごとの特質や問題性を踏まえた処遇指針を策定すべきことはいうまでもない。

2――行刑施設における被害者の視点を取り入れた教育について

近年，被害者やその遺族の心情などについていっそうの配慮を行うことが求められていることなどにかんがみ，矯正施設に収容されている加害者に対し，自らの犯罪と向き合い，犯した罪の大きさや被害者の心情などを認識し，被害者に誠意をもって対応していくことについての指導を充実させることが要請されている。

こうした観点から，近年，各地の行刑施設において，被害者の視点を取り入れた教育が積極的に実施されるようになっている。同教育は，法務省ホームページ（2004）によると，平成15年度においては74庁中45庁において，主として処遇類型別指導として実施されているほか，刑執行開始時や釈放前における指導内容としても実施されている。

一例として，ここでは，少年刑務所における実践事例をみてみよう。田中ら（2003）は，生命尊重群に対するグループワークの実施状況について，次のような報告をしている。

故意の犯罪行為により被害者を死亡させた受刑者のうち，処遇上の問題がなく心情が安定している者などを対象として，法務教官および心理技官が，週1回，3か月間計12回およびフォローアップセッションとして5回程度のグループワークを実施している。

実際の展開としては，第1段階では，事件および事件に至るまでの生活をふり返ることにより自己理解を促す。この段階では，メンバーの前で自らの事件のことを話すことにより，それぞれの防衛機制や思考の偏りが明らかになる。第2段階では，自己理解を通じて自分自身の心の痛みに気づく。この段階では，自らの生育家庭における被虐待体験などの被害体験が語られ，自分自身の心の痛みに気づくとともに，それがメンバーに理解され共有される。第3段階では，自分の心の痛みに気づく過程を通じて，被害者・遺族の痛みを理解できるようになる。この段階では，今後，被害者・遺族とどのようにかかわっていくのかがテーマとなり，被害の大きさや深刻さにたじろぎつつも，メンバーの中には，謝罪や弁償について具体的に考えを示す者が現れてくる。以下，具体例も紹介されている。

被害者の視点を取り入れた教育については，まだ導入されてからの年数が浅い施設が多いようであるが，今後，多くの施設でこうした地道な実践が積み重ねられ，指導内容や方法にもさまざまな工夫がこらされて，いっそうの成果をあげることを期待したい。

3 薬物依存と殺人

薬物依存と殺人について，われわれはどのようなアプローチを行い，対応すればよいのであろうか。本項では，覚せい剤と有機溶剤の2つに分けて考察する。

1——覚せい剤依存と殺人

種々の違法薬物のなかでも，覚せい剤は最も強力な向精神作用をもっており，乱用者自身への影響力，破壊力はもとより，社会に対する危険性も大きい。わが国の覚せい剤乱用問題は，ある意味で，覚せい剤乱用者の引き起こした数々の凶悪事件，すなわち社会的危険性との戦いの歴史でもある。多くの犠牲者を出したこれらのケースは精神科医の精神鑑定に委ねられ，特に責任能力を巡って，立津ら（1956），中田（1987），福島（1994），中谷（1999）などの研究が積み重ねられてきたが，おのおのの説については今なお議論がある。

さて，覚せい剤の薬理作用については広く知られているとおり，急性期において発揚気分や意欲亢進，運動促進作用などが現れる。爽快でうきうきした気分や意識が冴えわたったような感じになり，食べたり，眠ったりしなくても元気でいられる気がする。性欲も刺激される。ところが，こうした快感は大部分は半日位で消失してしまい，反動として疲労感や脱力感，不快感，不安などに襲われる。不快な状態から逃れるために再び覚せい剤を求めるようになり，悪循環の過程で強い精神依存が形成される。覚せい剤依存の状態でその後も慢性的に乱用を続けると，被害妄想や幻覚，不安などの幻覚妄想状態を主体とした慢性中毒症状が出現し，覚せい剤精神病にまで至る。筆者らが勤務する北九州医療刑務所には，常時30名程度の覚せい剤関連精神障害者が収容されており，彼らの多くは，上記の幻覚妄想状態に苦しめられ，これと戦いつつ受刑生活を送っている。彼らに共通していえることは，非常に猜疑心が強いことであり，何でもないことを悪意にとって，種々のトラブルや問題に発展することが多い。「他の受刑者からいじめられる」「隣室の者が自分の悪口を言う」等々，そのような事実はないにもかかわらず，邪推し，人を勘ぐり続け，自分自身が苦しむ。こうした覚せい剤関連精神障害に特徴的な幻覚妄想状態は，福島（1994）が提唱する「不安状況反応」に近いと思われる。そして，福島は，次のように統合失調症との差を明らかにしている。すなわち，彼らの妄想は唐突，了解不能なものではなく，「心因性の異常な観念である邪推，勘ぐりなどとの鑑別が困難な〈準妄想〉と呼ぶべき性格」を帯びており，彼らの「不安をそのまま拡大して鮮明に透視したかのように生々しく，しかも現実に対応した」状況反応的なものであるとしている。いわば「そう疑うのももっともな」事情であることが多く，統合失調症の幻覚妄想との間には決定的な差があるという。実際，覚せい剤中毒にまで至った多くのケースは，社会においても不安定な環境で過ごしている者が多く，暴力団関係者であったり，すでに何らかの犯罪による服役歴を有していたり，あるいは人間関係や金銭上のトラブルをくり返していたりするなど，より犯罪や逸脱に近い領域で生活している。覚せい剤乱用という違法行為を反復することによって，警察からも追われる立場になっており，生活空間そのものがストレスフルである。いつ命を狙われるかもしれない，逮捕されるかもしれない，といった危機的な状況に追い込まれており，そこから福島のいう不安状況反応が生み出される。「誰かにつけ狙われている」「死ねという声が聞こえてくる」「街中が自分の噂をしている」といった幻覚妄想に苦しめられ，被害的な状況から脱出するためのきわめて短絡的な手段として，人を傷つけたり，殺害に及んだりする。その意味では，覚せい剤中毒者は，そうなる以前からすでに犯罪的，逸脱的生活を送っていたといえるし，さらにはそのように傾いてしまった根本的な要因は本人の人格的問題に帰せられる。問題となるのは，殺人などの凶悪犯罪が，そうした本人の本来的な人格上の問題をベースとして引き起こされたのか，それとも覚せい剤の薬理作用が直接影響を及ぼした結果なのかどうかである。

第2章第3節で紹介した「深川の通り魔事件」を鑑定した風祭（1999）は，犯人の精神医学的診断において，顕著な性格の偏りを指摘し，爆発性，情性欠如性，意志欠如性，自己顕示性，自信欠乏性などを基調とする異常性格であるとしている。もともとこの犯人にはものごとを被害的にとらえる傾向があったが，これも上記の異常性格を基盤とする心因性妄想状態であるとし，そこに慢性覚せい剤中毒が加わることによって生じた幻覚妄想状態が，事件の動機として重要であると述べている。また，慢性覚せい剤中毒の精神病様状態に関しては不安状況反応型に近いとし，犯人が幻覚妄想により被害的危機状況に置かれたと誤信していたとしても，人格の変容はそれほど大きいものではないと結論づけている。すなわち，異常性格＋妄想反応＋慢性覚せい剤中毒（不安状況反応型）＝殺人として理解されており，これをさらに簡略化すれば，福島（1998）が提唱する「反社会的性格＋覚せい剤＝重大犯罪」として図式化される。同様にして福島は，約100例の鑑定経験から，覚せい剤中毒による凶悪犯罪について，「薬物の直接的な作用によって生じるのではなく，中毒者の生来の性格が薬物の影響によって増強，誇張されたことによって生じると考えた方がよい。覚せい剤そのものの薬理作用よりも生来の性格のもつ力の方が圧倒的に大きい」と結論している。

こうした福島の説については，中田（1987），中谷（1999）らの反論，疑問もあり，今なお議論が続いているが，特に責任能力をめぐる判例においては，現在のところ最も影響力が強い。

2――有機溶剤依存と殺人

有機溶剤の特徴的な薬理作用は，麻酔作用，酩酊作用，幻覚発現作用である。これによって意識障害や気分感情変化，知覚異常などの急性中毒症状が現れ，ぼーっとした状態になったり，気が大きくなったり，体が浮きあがるような感じがしたり，あるいは，種々のサイケデリックな幻視を見たりする。小田（1982）は，これらの薬理作用が直接関与する犯罪として，以下の3つを含めて6つに類型化している。

①意識は清明で，幻覚妄想に支配された犯罪

②薬物の影響下に抑制欠如，興奮性，刺激性の圧迫によって，社会的，道徳的抑制が欠如して行われる犯罪

③動因喪失症候群（amotivational syndrome）が存在し，労働嫌忌，怠学などの状態から小窃盗を犯す場合

そして，このうち有機溶剤乱用少年における最も典型的な非行のタイプは，③の動因喪失症候群の結果としての犯罪であるとしている。筆者らの経験からみても，③に属すると思われる少年非行は多い。中学を卒業後，働きもせずに無為徒食状態に陥り，だらだらと有機溶剤乱用を続ける過程で，遊興費目当てのひったくりや恐喝などに至るケースはよくみかける。福島（1994）も，有機溶剤乱用では，酩酊下における供給犯罪としての窃盗が多く，凶悪犯罪におもむくことはまれであるとしている。ちなみに筆者らが北九州医療刑務所において診療を経験した殺人のケースのうち，有機溶剤乱用と殺人の関連が問題となった者は4例である。4例とも精神鑑定が行われているが，いずれも有機溶剤の直接的な薬理作用や中毒症状よりも，本人の生来的な人格上の問題が事件に大きく関与しているとされ，完全責任能力が認められている。具体的には，もともとの反社会性人格障害に慢性有機溶剤中毒による脱抑制が影響したとされる者が3例，有機溶剤使用による残遺性の器質性人格障害が認められるもの

の，事件については生来の自己中心的な性格が占める程度が大きいとされた者１名である。前記の小田の分類に当てはめると，②に相当する者が多い。それでは，有機溶剤と殺人の関係についても，覚せい剤と同様，薬物の薬理作用よりも中毒者本人の性格的な問題のほうが大きいといえるのであろうか。この点については，滝口（1985）が詳細に分析，考察し，より細分化された新たな分類を提唱しているので，以下に紹介する。

滝口は，殺人事件を引き起こした有機溶剤乱用者の精神鑑定４例（いずれも犯行時20歳〜27歳）を取り上げ，有機溶剤と殺人の関係を，有機溶剤に特徴的な酩酊状態との関連から分析している。これによると，鑑定例はいずれも犯行の様態は残忍で非常に攻撃的なものであるが，彼らの平素の人格には攻撃的な傾向は認められず，犯罪歴にも暴力犯は認められず，DSM-Ⅲでは反社会性人格障害と診断されるものの，その中核群には属さなかったという。したがって，彼らの殺人行為を，有機溶剤の薬理作用が脱抑制を生じさせ，彼ら本来の性格傾向を誇張的に表現した結果のみとしてとらえることには無理があり，むしろ，犯行時において最も大きな位置を占めるのは，有機溶剤に特徴的な酩酊状態であるとしている。この酩酊は，アルコールによる複雑酩酊に類似しており，生気的興奮が強くかつ長く，平素の人格傾向と異質な衝動性，爆発的傾向が引き起こされ，同時に，酩酊による現実感の低下や能動意識の低下が大きく関与して冷情性が引き起こされ，これら２つが加重，複合することによって，「薬物誘発性情性欠如（drug induced affectionless state）」というべき状態が生じ，殺人行為の中核的な要因になるという。すなわち，有機溶剤による酩酊は，単に抑制欠如の状態をもたらすだけでなく，人格の深層にある攻撃性を積極的に引き出すように作用しており，このことが，平素は受動的な生活態度に終始している加害者を，最も攻撃性の高い殺人行為へと向かわせたと結論づけている。

3——薬物依存者への対応

以上をまとめると，覚せい剤依存と殺人については，覚せい剤の薬理作用よりも乱用者自身の反社会的な人格上の問題が圧倒的な影響力をもつということ，有機溶剤依存と殺人については，有機溶剤の薬理作用の影響が大きく，これにより人格の奥深くにある攻撃性が積極的に引き出されるケースも存在することなど，両者の間には特徴的な差異があることが示唆される。すなわち，前者についてはより人格親和的であり，後者に関してはより人格異質的な殺人もありうるといえそうである。したがって，薬物乱用者のなかでも，以下のような者たちは，特に注意を要すると考えられるので，まとめてみたい。

まず，覚せい剤乱用者については，次のような犯罪的，人格的，症状的な要素のすべてを満たす者は，ハイリスク群として把握されるべきであろう。

①非行が早発で，覚せい剤乱用以前から他の薬物乱用や犯罪を反復している者
②生活歴や犯罪歴から著しい性格の偏りがうかがえる者，特に，攻撃的，自己中心的，爆発的，情性欠如的，反社会的傾向が顕著な者
③覚せい剤乱用が慢性化しており，すでに幻覚妄想状態が発症している者

また，有機溶剤乱用者の危険因子については，すでに滝口（1985）が紹介しているので，以下に列挙する。

①有機溶剤乱用以前から怠学，頻回転職など，意志欠如性が明らかな者
②家族，特に両親に監督能力のない者
③有機溶剤に対する依存性が高く，徹夜で有機溶剤を吸引することがあり，有機溶剤による複雑酩酊様状態の経験が存在する者

しかし，何よりも大切なことは，まず青少年を薬物乱用に走らせないことである。そのためには，「ダメ，ゼッタイ」を声高に叫ぶだけではなく，より実効性のある薬物乱用防止対策を講じる必要があろう。また，不幸にして薬物乱用をくり返し，依存の状態に陥った者は，司法的には罪人として，医療的には患者として，福祉的には生活困難者として，3つの側面を有することになり，それぞれの専門分野からの積極的介入が必要になる。違法薬物の乱用である以上，司法による法的規制モデルは不可欠であるが，経験上，薬物依存者を科罰効果だけで治すことは難しいこともまた事実である。規制，治療，援助といった要素が効果的に機能し合う総合的な体制づくりが，政策上の課題として求められる。

4 殺人に接近する青少年への対応 ──発達障害と殺人──

「亡くなってしまった人に，僕はもう謝りようがないですよね」これはある広汎性発達障害の少年から出た言葉である。「本当に，謝りようがないね」と筆者は応じた。われわれは同じ言葉を使いながら，まったく異なる意味内容を相手に伝えようとしていた。

筆者が「謝りようがない」と言ったのは，どれほどに悔いて謝ったところで，被害者の命が奪われたことはもう取り返しがつかないという意味であった。一方，その少年は，すでにこの世にいない人（すなわち存在しない人）に謝罪することは不可能であると言っていたのだ。

発達障害の病態の本質は，コミュニケーションの障害といわれている。コミュニケーションとは，単なる情報のやりとりではない。言葉の背後にある意味や認識，さらにその際に生まれる感情を，話し相手と共有するということである。

本来われわれが「自明の感覚」と受け取っている物事の認識の仕方には，必ずしも「合理的な理由」はないことが多い。しかしわれわれは，社会生活を行ううえで，基本となる部分では共通の認識をもって生活している。それが顕著に現れるのは，良心や罪障感や潔癖観とよばれる価値観である。同じ文化のなかで人々が共有している概念であり，子どもはその成長過程で，周囲の大人たちとの親密な対人交流を通じて，物事の認識の仕方を学んでいく。すなわち，大人は共同社会で培われてきた共通認識を子どもに伝えていくのである。この大人との相互作用が十分に行われないと，子どもは一般的な認識の仕方を学ぶことができず，彼独自の認識の仕方を自ら編み出さなくてはならない事態に陥る。その際に彼らがよりどころにするのは，目の前にある具体的な事実である。

筆者は，ある広汎性発達障害の少年との長い時間をかけた議論を思い出す。彼は潔癖症といってもよいほどのきれい好きで，いつも自分の部屋をピカピカに磨いていた。トイレを掃除し，便器の中まで雑巾で拭くのである。そして，掃除の最後に，トイレからフラッシュする水で自分の手と雑巾をていねいに洗うのだった。「それは汚いんじゃないの？」という筆者に，彼は首をかしげた。

「だって，洗面所の水道から出る水もここの水も同じじゃないですか」。たしかに，理屈は彼の言うとおりなのである。筆者はトイレのもつ不浄感を何とかして伝えようとしながら，感情論を述べることしかできなかった。長いすれ違いの議論の末に，筆者は「でもそういうことはしないものなの」と決めつけた。すると，彼は驚いたことに，「じゃ，やめます」と言ったのだ。今までの議論は何だったのかと思うほどのあっけなさだった。なぜ筆者がトイレの水に不浄感を抱いているのかはおそらく伝わらなかったにもかかわらず，彼は，「トイレからフラッシュされた水では手を洗わない」ことを，ルールとして受け入れたのだ。

筆者は，かつて旅行したインドの下町のシーンを思い浮かべた。市場に水道の蛇口がいくつもあって，それぞれのカーストごとに異なる蛇口が割り当てられているのだという説明を受けた。それを聞いたとき，「なんと不合理な。同じ水道管を通ってくる水なのに」と思った。そのことを思い出したとき，同じ議論を立場をまったく逆にして発達障害の少年にしていたのだと気がついた。もしかするとカースト制を堅持する人々にとっての異なる蛇口は，われわれにとってのトイレの水に近い感覚があるのかもしれない，と思い至ったのだ。とすれば，われわれがコミュニケーションを通じて子どもに伝えているのは，（洗脳も含めて）まさに，自分たちの文化に他ならない。

では，現在われわれは，子どもにどのような文化を伝えているのだろう。「なぜ人を殺してはいけないのか」という，正解のない問いが今日ほどはっきりした形で大人社会に突きつけられたことは，これまでなかったであろう。それは，子どもたちがまだ自意識をもたない早期の段階で，「人を殺してはいけない」という文化を伝えてこなかった結果ではないのか。こうした問いを発する子どもたちに，われわれ大人は正面から向き合ってきたといえるだろうか。

さて，話を本来の発達障害児に戻そう。治療的アプローチという観点からみたとき，発達障害圏の青少年ほど個別の対応を必要とする人々は少ないだろう。

石川（1992）によれば，知的障害者の犯行は，衝動的·原始的な反応型が多く，治療教育が有効であるという。また，特殊教育や社会福祉の拡充にともなって，再犯率は一般非行少年の再犯率より下回っているとする。一方，原（1998）は反社会性人格障害を合併した知的障害者については，もう少し悲観的な見解をもち，このような少数の事例では長期間の拘禁による他に処遇が困難であると述べている。しかし全体としてみれば，支持的な個人精神療法や，心理劇・ロールプレイなどの集団精神療法は非常に有効と思われる。

【事例1】 男性E，17歳，IQ58

中学在学中，母親が急病で死亡，その後しだいに精神病様の奇異な言動が出現しだした。その一方で，夜間，中年女性を狙った通り魔犯罪をくり返すようになった。最初は素手で殴りつけていたのがしだいに，ものさし，ハサミ，果物ナイフ，サバイバルナイフと，攻撃手段がエスカレートしていき，被害者が重傷を負う事件に至って逮捕された。治療開始後も感情表出はほとんどなく，時にいきなり他の患者の首を絞めたり，つねったりという問題行動が出現した。治療開始後6か月めに，小鳥の飼育をEにまかせてみることにした。Eはかわいがるようすもいじめるようすもなく，淡々と餌をやり，水を取り替えていたが，3か月ほどしたある日，思いつめたように「鳥がもう1週間も巣箱から出てこない」と訴えた。そこでEと2人で巣箱を開けてみると，母鳥が羽を広げ，卵を守るような姿勢で死んでいた。それを見た彼は，しばらく反応しなかったが，いきなり大粒の涙を流して激しく泣き出した。泣きながら彼が言ったのは「僕がちゃんと世話をしなかったからだ」という言葉だった。Eの中で，母親の死と母鳥の死が結びついた瞬間だった。彼は，長い間，母親の死を受けとめられず，母親が自分を捨てたと考えていた。そのために女性全体に対して，自分を拒否する存在だと感じて復讐してきたのだという。「母は自分を捨てて逝ったのではない，母だって自分を守りたいと思ってくれたんだと思う」とEは不器用な口調で説明した。

広汎性発達障害の青少年の場合は，これほどきれいな変化が短期間でみられるわけではない。ある少女は，自分の感情を認識することができず，単に「もやもやする」という表現をした。そのなかには，怒り・悲しみ・戸惑いといったネガティブな感情だけでなく，期待やうれしさといった本来はポジティブな感情も含まれていた。彼女は，自分の感情を言い表す言葉も，その表出方法も知らなかったために，周囲から見ると「何の原因もなく」楽しいはずの場面でパニックを起こすこともあった。一般に自閉症圏の子どもには極度の敏感さと鈍感さが混在しており，興奮した際に激しい自傷や攻撃行動が出現することがある。また，養育者に接近したかと思うと逃げたり，故意に怒らせたりするような行動をとることもあり，このために養育者との関係が悪循環に陥りがちである。こうした場合，養育者は自閉症児の情動や意図を共有することができず，問題行動ばかりに目がいってしまうことになる。

【事例2】 男子F，18歳，アスペルガー症候群

複数の被害者に対する暴行事件を起こした。治療開始時，協調運動におけるバランスの悪さ・他人との会話が成立しない（相互作用がない）・他罰的・両親に対する強い恨みと依存欲求・性知識の欠如と性的興味の強さ・事件に対しての罪責感の欠如などが著明であった。治療開始後半年ごろから，主治医に対して強い愛着を示し始め，しばしば，自分のことを好きか，自分をかわいいと思うかとたずねるようになった。1年を経過すると，Fは主治医に対して，しだいにあからさまな性的発言をくり返すようになった。Fは，恋愛感情と母親への依存欲求を混同して退行状態に陥り，他の患者の前で主治医の名前を呼びながらマスタベーションをしたり，食事中にわざと吐いたりし，畳の上で尿をして畳がズブズブに腐って異臭が立ち込めるという奇行を約5か月続けた。一般に広汎性発達障害の患者は性的な面での羞恥心に欠けるが，それは性的発達が未熟なためである場合が多い。Fに対して性教育を含めてきちんと向き合うことを心がけ，患者の非常識な部分については一つひとつ指摘し，その代わり，良い部分が見えたときには大いにほめることにした。こうした経過をたどって，Fとは治療開始後2年半を経過したころから会話が成立する，つまり，治療者と言葉のキャッチボールができるようになった。この段階になると，患者自身が被害者の気持ちについて考えるようになった。もっとも，それは真の共感性ではなく，治療者の歓心を買いたいための言葉であろうと考えられた。個人療法と平行して同年代の他の患者との接触を多くし，仲間関係から学ぶ機会を図っていたところ，このころから「他人はどう感じるか」という視点から自分の行動を考えるようすがうかがえるようになった。

人を殺してみたい，そうした思いをもっている発達障害の青少年に，われわれはいかなる援助が可能だろうか。

その障害の程度にもよるが，発達障害の子どもであっても一般的には10歳を過ぎたころから，他人の信念や意図を察知する能力を獲得していく（杉山，1998）。この際，彼らは他者の意図を独自の読み方で読んだり，読みまちがえたり，過剰に深読みをしてしまったりするが，それを修正することは容易でない。こうした時期に彼らは，自らの能力に欠けている部分が存在することに気づき始める。そのため，他人の言動に思いがけない過敏な反応を示すことがある。また，劣等感ならびに被害感をもっていることが多い。この感情は容易に攻撃行動へと転化しうる。すなわち，大きな事件を起こしたり，他者に決定的な影響を及ぼしたりすることで，自分が他人より劣っているわけではないことを確認したくなるのである。ただし，彼らは，自己の行為がその後の被害者・自分自身・自分の家族，ひいては地域社会にどのような影響を与えるかを想像

することはできていないのが通常である。

彼らは罪障感をもっていないわけではない。時には，健常者とよばれる人々よりはるかに深い罪の意識に苦しんでいることがある。ただ，その表現の仕方が通常と異なるために，その内面的苦しみを周囲が察知できない場合も多い。

彼らの強い欲求不満・恐れ・不安・苦悩を，われわれがどの程度に理解し，彼らの情動に沿った関係がつくれるかが治療の鍵となる。そして，養育者あるいは治療者が発達障害をもった青少年と愛着関係をつくることができれば，われわれは，彼らを「殺さない」という文化へ導いていける可能性がある。

彼らは，何をしてしまったにせよ，「宇宙人」ではない。彼らに対する援助や治療とは，何かを教えこむことではない。彼らが，自分の起こしてしまった行為の意味を知り，そこに至った自分自身を理解し，その結果を背負い，そのうえでこれから先の自らの生き方を探すための手助けをすることこそが，治療者の役割である。治療者に問われているのは，自らの存在意義と生命をかけて加害者と向き合い，彼らの罪と向き合い，彼らを受けとめることができるか，という問いであろう。そして，殺人行動にひきつけられる青少年に対するアプローチも，これに準じるものだと考える。

5 精神障害と殺人

1――はじめに

第2章第2節5でも述べたように，まず問題になるのは，ここで述べられている精神障害という言葉の意味するところである。同じことを2度論じることはくどいので，ここでは直接ふれないことにするが，本項でいう精神障害は，いわゆる精神病に限定せず，より広い包括的な意味で論ずることにする。また，他の部分で扱われている問題についてはできるだけここではふれないことにする。

ここで著者が論じることを求められているのは，殺人に向かおうとする精神障害者に対し，何らかの対応をすることによって，殺人を予防する手だてについてだと思われる。しかし，その前にわれわれは，精神障害者が殺人を犯そうとしているのをそもそも予知できるのかという問題に直面せざるを得ない。

ここではまずその問題を考えてみよう。

2――治療場面で殺人を予測できるか

筆者はこれまで自分自身の患者が殺人を犯したという経験をさいわいにも有していない。それゆえ，精神障害の患者が殺人を引き起こす可能性を予測しうるかどうか，自分の経験として述べることができない。また，そもそも精神障害の人による殺人とそれ以外の人による殺人を区別しうる根拠があるのかどうかも考えてみればよくわからなくなってくる。

筆者は，他者に向かう攻撃性と自己に向かう攻撃性は，向かう対象の方向が異なるだけで，容易に逆転しうるのではないかという印象をもっている。それゆえ，自己破壊的な傾向が強い人は他者の破壊へと向かう可能性が高いのではないかと考えている。しかし，これとて，個人的な臨床的印象にすぎず，実証されているわけではない。

ところで，アメリカの青年による大量殺人を検討しているメロイら（Meloy et al., 2001）は大量殺人を以下の5つに分けている。

①家族の殲滅者

②クラスへの復讐者

③別の犯罪の過程で大量殺人を起こしてしまう者

④家族とクラスの二股殺人者

⑤その他

メロイらによると，大量殺人者は，衝動的感情に駆られて殺人を犯すというより，何かの拍子にそのようになってしまうのであり，彼らは，警告となるような突然の激しい情緒的サインは示さないものであると示唆されている。このような記述からすると，そもそも青少年の殺人者が，そのような重大な行為を起こす前に周囲の人間にそれとわかるような何らかの行動上の変化なり徴候を示すかどうかということさえ，明確ではない。それゆえ，ある子どもが事件を起こすのではないかと予測して，予防的なかかわりを行うことはかなり困難であるといわざるを得ない。

3――殺人と関連する要因について

これまで述べてきたように，ある人が近未来に殺人を犯すのではないかと予測することはかなり困難である。

しかも，前章の項でも述べたように，大部分の殺人を犯す青少年はDSM-Ⅲ-Rで何らかの精神障害に該当するが，その多くは行為障害である。殺人者の大部分はその犯行時に精神病状態ではなかった（Shumaker & Prinz, 2000）のであるから，精神障害に特有な予防的対応を考えることはあまり効果的なことではないのかもしれない。

それゆえ，青少年の殺人を促進する要因を精神障害に限らず広く検討することがより効率的であるように思われる。

これまで述べたように，青少年が殺人を起こすのではないかという予測をすることはかなり困難であるが，そのなかでも，いくつか殺人の前駆症状にふれているものがある。マルムクイスト（Malmquist, 1971）は，20名の少年を対象に，殺人に前駆する徴候について調べている。それらには，行動上の変化，「助けを求める叫び」，薬物の使用，対象喪失，人格に対する脅威，身体化，感情的高まり，殺されるのではないかという脅威が含まれていた。また，ベンダー（Bender, 1974）は，子どもが殺人を起こすための必要条件として，以下の4つを仮定している。

①障害され，コントロールの悪い，衝動的な子どもであること
②犠牲者となる人が刺激として作用すること
③行動を止めることのできる指導的な人物の不在
④凶器が利用できること

ところで，少年の大量殺人に関する研究において，メロイら（Meloy et al., 2001）は，「クラスルームにおける復讐者」が，他者からの疎外を生み出し，愛着の病理の可能性を生じ，自己愛的修復の代償様式として大量殺人を引き起こす要因となりうるものとして，次の4つをあげている。

①孤独な状態
②いじめの犠牲
③崩壊家庭
④暴力的な空想に没頭すること

さらに，青年期の大量殺人者に愛着障害の問題が存在することを指摘しているものもある（McGee & DeBernardo, 1999）。なかでも，不安定な愛着のディスミッシブ（dismissive）タイプとの関連が言われている（Bartholomew, 1990）。

マイヤーズら（Myers et al., 1990）の研究では，3分の1以上の殺人者が過去に分離不安障害の診断基準に合致したことが指摘されている。このような分離不安の定義は明確ではないが，殺人を起こす少年の人格を理解するのに1つの重要な要因となるかもしれない（Myers et al., 1990）。

このように，青少年の殺人に関連する要因を検討した研究を概観してくると，青少年が殺人を犯すには，もちろん直接的な契機が存在することはあるが，その背後に，長期にわたって緊張を強いたり，不安定な状態にするような状況が存在していると考えられる。予防的な観点から考えると，そのような状況を改善するような継続的なはたらきかけが重要になってくるのではないだろうか。

4――精神医学的治療

この項は，殺人と精神障害の問題を取り扱っているのであるから，ここで精神医学的な治療にふれないわけにはいかないだろう。

先にも述べたように，青少年の殺人において，精神病症状がみられることは少ないといわれている（Walshe-Brennan, 1977）。それゆえ，日常臨床において，患者が殺人事件を起こすのではないかと特に注意することはないように思われる。安定した治療者－患者関係のなかで治療関係が継続している場合は，まず問題はないのではないだろうか。むしろ心配なのは，治療者と治療関係をもつことも拒否するような，治療場面に現れない精神病者ではないだろうか。

先にも述べたように，筆者自身は，患者が殺人を犯しそうになったという経験を幸いにも有していない。しかし，文献的には，青少年の殺人の問題と精神医学的治療の問題が若干記載されている（Myers et al., 1990）。そこでは，攻撃的な行為障害に精神療法や認知療法を実施して有効であったという記載や，抗うつ薬が有効である可能性などについて述べられている。もちろん統合失調症で，患者の幻覚・妄想といった病的体験が激しい場合には，精神病症状に対する治療が最優先されねばならない。

しかし，現実問題として，自分の患者，あるいは周囲の誰かが殺人を犯す可能性が高いと推測される場合には，どうすべきであろうか。

精神障害者が自傷・他害のおそれが強い場合には，精神保健福祉法の規定に従い，措置入院に該当するかどうかの鑑定を申請し，該当するなら，そのような形で強制的な治療を実施するのがよいだろう。

そして，措置入院の要件がなくなるまで強制的に治療をすることになる。そのような形で，患者の殺人の可能性がなくなるまで治療が続けられるのである。

これまで，青少年の精神障害と殺人の問題について，とりわけ防止の問題について検討を加えてきた。最後に，不幸にして殺人事件を起こした場合にふれておこう。

殺人犯である青少年の社会復帰を考える場合，今日的課題となっているのは，犯罪の処遇の問題である。特に，精神障害者である場合，どのような処遇が適切であるか，必ずしもコンセンサスが得られているわけではない。今後さらに検討されるべき重要な課題であろう。

Column ⑫

改正少年法

2001（平成13）年４月に施行された改正少年法は，「少年審判における事実認定手続きの適正化」「少年事件の処分等のあり方の見直し」「被害者に対する配慮の充実」という３点を改正のポイントにしている。そのなかでも，本書に関連が深いと思われるのは，少年事件の処分等のあり方の見直しであろう。その具体的な内容は，刑事処分可能年齢の下限を16歳から14歳に引き下げたこと（少年法20条１項），犯行時16歳以上の少年が，故意の犯罪行為により被害者を死亡させた罪の事件については，検察官送致にしなければならないとしたこと（少年法20条２項）である。

このうち，少年法20条２項の立法趣旨は，故意の犯罪行為によって被害者を死亡させるという重大な罪を犯した場合には，少年であっても刑事処分の対象となるという原則を示すことによって，何物にもかえがたい人命を尊重するという基本的な考えを明らかにして，少年に対して自覚と自制を求めることにある。ただし，検察官送致が原則とされる場合であっても，たとえば，少年が密かにえい児を分娩して，途方に暮れて死に至らしめてしまったような場合や，共犯による傷害致死などの事件で，付和雷同的に追従したような場合には，必ずしも刑事処分が相当とはいえない場合があると考えられる。そこで，個々の事案において，犯行の動機や態様，犯行後の状況，少年の性格，年齢，行状，環境などの事情を家庭裁判所がきめ細かく検討して，刑事処分以外の措置が適当と考えられる場合には，検察官送致とせず，保護処分（少年院送致や保護観察）を選択する余地を，少年法20条２項ただし書で残している。

被害者を死亡させるという事案の重大性に着目して，原則検察官送致を規定した法の趣旨をふまえると，犯行の動機や態様，犯行後の状況といった事案の内容に関する事情を中心に検討した結果，少年について，悪質性を大きく減ずるような特段の事情が認められる場合に限り，刑事処分以外の措置を選択することが許容されるという前提で，この許容性の有無を検討しなければならないといえる。少年の資質や環境に関する面を考慮する際にも，事案に密接に関連する事実として考慮することが必要になる。たとえば，知的障害，発達障害などの事情は，心神耗弱と認められる場合でなければ，責任能力に影響するものではないので，少年に何らかの障害が認められることのみでは，ただちに許容性に影響するものではないと考えられる。しかし，これらの事情が強く動機の形成に影響したと認められる場合などは，刑事処分以外の措置の許容性に影響することがあり得ると考えられる。

Column ⑬

映画「誰も知らない」からみた虐待の問題

全国公開から約2か月遅れて，筆者の勤務する地で，映画「誰も知らない」が公開された。1988年に実際に起きた事件をもとに，是枝裕和監督が早くから完成させていた脚本を，2004年になってようやく実現させた映画であるという。映画は，母親と４人の子どもたちの日常生活を中心に展開していく。母親は12歳の長男だけを隣人に認知させ，年下の３人の子どもたちには，外出はもちろん，ベランダにすら出ないようにと命じる。子どもたちは学校に通ったこともなく，各自の父親はみな異なる。ある日，母親は子どもたちを家に残したまま，男性のもとへ走る。クリスマスにも子どもの誕生日にも家には戻らず，子どもは何か月も放置され，荒れ果てていく家の中で末子が転落死する。実際に起きた事件では，母親は子どもたちの出生届を出しておらず，母親不在の家の中で，長男の友人が末子に暴行を加えて死亡させている。この事実とは異なるストーリーには，是枝裕和監督の込めた被害者へのレクイエムが感じられるし，映画全体からは，大人社会のなかで生き抜くにはあまりにも非力な子どもたちの姿と，それでも生き抜いていこうとする生命力の強さが対をなしながら，説得力をもってわれわれに訴えかけてくる。

本来は子どもを守るべき立場にある保護者によって，「誰も知らない」うちに，子どもたちは，身体的虐待や性的虐待，ネグレクトなどによって傷つけられている。死に至る場合もある。今も，誰も知らないところで，はたしてどれだけの子どもたちが虐待を受けているのか，想像の及ばないところである。虐待は，心理的な死を意味する。心の傷はトラウマとよばれ，人との関係の最も基本となる「人に対して安心できる気持ち」や「人を信頼できる気持ち」を破壊し，信頼感が再び芽ばえがたい荒地としてしまう。

筆者は，ニューヨークで精神分析の訓練を４年間受けたが，カンファレンスで議論された虐待の事実もさることながら，ほとんどの事例で虐待の事実が認められていたことに圧倒された。日本文化における心理的問題は，アメリカ文化の20年前に類似しているとよくいわれるが，20年といわず，日本の心理臨床場面でも，虐待を抜きにして心理的な問題を考えることはできない時代が確実にきている。

現在，虐待問題の窓口となって対応しているのは児童相談所である。児童相談所のなかで，実際に虐待問題に対応しているのは，心理職であることが多い。しかしながら，潜在的な虐待件数に比べて，十分な職員が配置されているとは必ずしもいいがたいであろう。雇用の側面と，子どもの生命を保護するための危機介入を認めるような法的な側面とが，これからよりいっそう充実していくことを期待したい。

第3節

青少年による殺人の予防策

殺人事件の話を聞くとき，われわれはその動機を知りたいと思う。どうして人を殺してしまったのだろうかという疑問がわいてくる。恨みや憎しみが原因でその相手に対する殺人が行われた場合はそれなりに理解できる。しかし，近年の青少年の殺人事件をみるとき，どうして人を殺すところまでいくのだろうかという疑問をもつことが多くなっている。

理由がわからない殺人を予防するため，われわれには何ができるのだろうか。青少年の殺人を予防するために，彼らの心の世界を理解する必要がある。

1 社会の変化

日本が豊かな社会といわれるようになって，もう30年以上が過ぎた。コンピュータが高性能化し，情報社会が到来した。こういう環境のなかで子どもたちは誕生し，成長してきたのである。物や情報が豊富にあり，人よりも物や情報とのかかわりが多くなってきたため，人との共感性が育ちにくくなっている。

1——青少年による殺人件数はこう変遷してきた

敗戦後の復興から高度経済成長を経過してきた時代の変化に伴い，青少年による殺人件数はどのように変遷してきたのだろうか。

青少年による殺人件数の流れをみるために，1946年から2003年までの各年ごとの青少年の殺人犯検挙人数を折れ線グラフで示したのが図3-1，少年人口10万人あたりの殺人犯の人数を折れ線グラフ示したのが図3-2である（少年犯罪データベース, 2004）。

これらをみると，青少年による殺人件数，少年人口10万人あたりの人数とも，1960年代後半から大幅に減少していることがわかる。大きな流れでみる

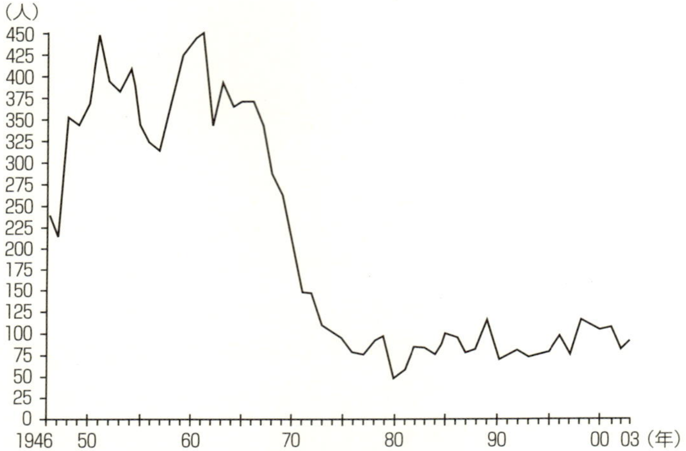

図3-1　青少年（10〜19歳）殺人犯検挙人数の変遷（少年犯罪データベース，2004より作成）

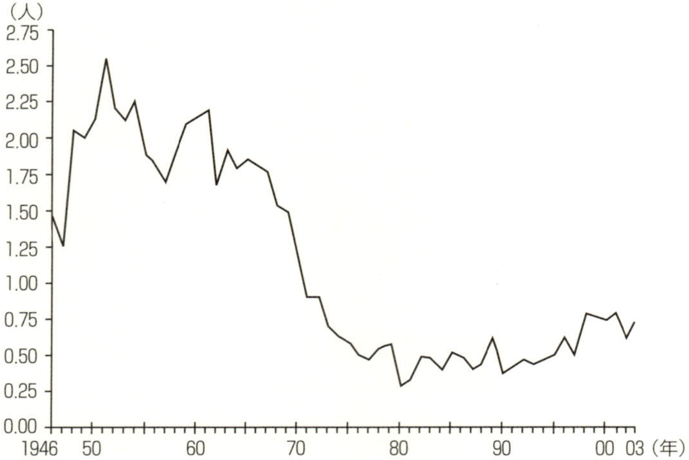

図3-2　青少年殺人犯の少年人口（10〜19歳）10万人あたりの人数の変遷
（少年犯罪データベース，2004より作成）

と，1950年代から60年代前半にかけて多かった件数が，60年代後半から減少し，70年代後半から90年代前半ごろまでを底とし，90年代後半からやや増加しているといえよう。最近ここ数年のわずかな増加を過大視して問題にする動きもあるが，大きな流れからいえば過剰反応と考えられる。

また殺人事件の低年齢化もいわれるが，低年齢層による殺人事件も事実としては減少傾向にある。13歳以下の少年による殺人件数を10年ごとにまとめると，1950年代48人，1960年代53人，1970年代24人，1980年代17人，1990年代10人（マッツァリーノ，2004）というように確実に減少している。最近特に低年齢化しているわけではない。

件数からいえば1950年代から60年代前半に比べると大幅に少ないのに，以前はあまり問題にされなかった青少年による殺人が，今，問題にされるのはなぜなのだろうか。それは，70年代後半から90年代前半ごろまでを底としていた青少年による殺人が1990年代終わりごろからやや多くなるとともに，青少年による殺人事件のなかに理由の理解できない事件が出現してきたためと考えられる。子どもたちの生育環境が変わってきたため，従来の考え方では理解できない事件が発生してきたのである。

2——社会の変化は子どもの変化を生みだす

テレビやビデオ，コンピュータゲームやインターネット，携帯電話など，子どもたちの世界には，最新の情報機器が入り込んでいる。子どもはこれら新しいものにすぐなじんで，自分のものにしてしまう。そのとき同時に，自分もそれらの機器に合うように変化しているのである。この変化のうち，人と直接かかわることなしに，やり方さえ理解すれば後は自分の都合だけでやっていけるということが，対人能力の発達を妨げているように思われる。幼いころから自分の欲求の多くが満たされ，がまんする経験が少なくなってきたのである。共感性や欲求不満耐性が低下し，直接的に殺人に結びつかなくても，衝動のコントロールができにくい青少年が増えている可能性がある。

殺人ということからいうと，現代の子どもは肉親の死から遠ざけられ，祖父や祖母の死の場面に立ち会う機会はどんどん少なくなっている。多くの人は病院で死に，死にゆく場面に立ち会うことは少ない。一方，コンピュータゲームなどのなかで多くの死と再生を経験している子どもは，死というものの受けとめ方が以前の世代と異なっている可能性がある。死というものの実感が自分との関係で形成されていないのではなかろうか。

殺人の意味の重さが，実感として感じられない青少年が現れてきているように思われる。日常生活のなかで人間どうしのかかわりが少なくなり，生活するための体験も減ってしまい，テレビ，ビデオ，コンピュータゲームというような仮想現実のなかで毎日を送っている子どもたち。こういう生活では，生きている実感がもちにくい。「抽象化された自分として生きている」青少年が出現してきたのである。自分の命の実感がないとすれば，他人の命の実感が感じられなくても不思議はない。

3——社会はどう対応したらよいのか

最近，何件かの青少年による殺人事件がセンセーショナルに取り上げられ，青少年の心理的問題点が指摘されている。しかし，青少年による殺人件数からいえば1960年前後に比べると大幅に少なくなっているのであり，過去になかったパターンの殺人事件だからといって，社会が過剰反応するのは望ましい対応とはいえない。時代環境が変化すれば，殺人事件の動機や殺人方法が変化するのは当然である。時代の変化と青少年の心理的変化を理解することは大切であるが，社会が過剰反応して，すぐ少年法の改正とか道徳教育の強化というような対策をとるのは好ましくない。

興味本位のマスメディアによる報道に惑わされることなく，青少年による殺人事件は1960年前後よりは大幅に減少しているということを認識し，対策を考えるべきである。ただ，青少年による殺人件数が1960年前後より大幅に少なくなっているといっても，それは青少年が他者との距離を遠くして摩擦や衝突を減らしているためかもしれないので，必ずしも状況がよくなっているとはいえない。青少年による殺人件数だけを問題にするのではなく，青少年が生きている人間関係の環境を問題として取り上げることが必要である。

殺人を行う者には，相手の身になってみる想像力や共感性の欠如がみられることが多い。こういう能力は，実際の人間どうしのかかわりを通して形成される。命の尊さを口でいくら教えても，それが感情と結びつかないと行動化されにくい。直接的な人間関係をもつ機会を多くすることが必要である。

いろいろなものが自動化され，人と直接やりとりをして用をすませる機会が減少している。さまざまな自動販売機，現金自動支払機，セルフサービスの店，自動改札機など，人とかかわることなく用をすませる場が増えている。小さい個人商店が減り，スーパーマーケットやコンビニなどのように，店で物を買うときも，店員と話をすることはほとんどなく，レジで品物を渡して示された代金を支払うという形が多くなっている。

これからもコンピュータはますます高度化し，社会は情報化されていくであろう。人間どうしのやりとりこそが，人間らしさを形成する鍵である。何とかして，人と人とがやりとりする機会を増やす必要がある。

2 家庭のあり方

青少年による殺人事件が起こるたびに，その生育プロセスが問題になる。こういう家庭だったから殺人事件を起こしたということにはならないが，家庭環境がまったく無関係ということでもない。

殺人のような特異な問題の場合には，一般法則を見つけることは非常に困難である。そのため，実際はケースバイケースで検討せざるを得ないが，少しでも青少年による殺人を少なくするには，殺人へと追いやる環境を改善することが重要である。

1——家庭は「追いつめられた恨み心」を生みだすおそれがある

阪井（1989）は，相手から痛めつけられても無力なため，その場ですぐ反撃できずじっとがまんしているうち，心の中に「腹だたしい気持ち（攻撃的悪性感情）」と「無力で情けないという気持ち（消極的悪性感情）」がつくられ，それが「追いつめられた恨み心」へと転化していくと述べている。攻撃的な悪性感情としては，「不平・不満・憎悪・憤怒感，復讐心，嫉妬心，他人の不幸を喜ぶ気持ちと他人を痛めつけたい衝動」があり，消極的な悪性感情としては，「無力感と劣等感，恐怖感と屈辱感，孤独感と不安感，自己喪失感と絶望感」がある。

青少年による殺人で両親や祖父母を殺害する場合は，家庭内での不満や怒りをがまんすることからくるストレスが限界を超え，「追いつめられた恨み心」となり，爆発したものと考えることができる。子どもが幼いときには，両親や祖父母との力の差が大きく，反撃できないまま心の中に悪性感情を醸成していくおそれがある。子どもにとってよいことと思って，いろいろなことを強制することが，親への恨み心を大きく育ててしまう。いわゆる「よい子」は，こういう意味で，問題を心の奥に抑えつけて成長していく可能性がある。親が望ましいと思うことを子どもにやらせようとするのはよいことだが，子どもが嫌がる場合に無理やり押しつけるのは避けたほうがよい。徹底した完璧な子育ては，かえって問題を内面化した青少年を生み出すおそれがある。人間は不完全なところがあるのだから，完全を求めるのは子どもにストレスを与えるだけである。

最近は地域とのかかわりが薄い家庭が多くなり，子どもは家庭のなかだけで育てられる傾向が強くなっているように思われる。そのため，子どもにとっての逃げ場がなくなり，心理的に追いつめられていきやすい。これを防ぐには，家庭のなかだけではなく，地域の人と連携しながらの子育てが望まれる。

2——ゆったりと子どもを受けとめ理解する

現在は変化の時代，スピード化の時代，過剰化の時代であり，大量の刺激が子どもたちにも注がれている。小学生時代からストレスを感じイライラしている子どもたちがいる。家庭であまりに勉強のことを言うのは子どもの心理的環境を悪くする。親は子どもにあれこれ言うよりも，子どもの言うことに耳を傾けることが必要である。ゆったりと子どもを受けとめる。子どもを親の思う通りに育てるのではなく，子どもをよく観察し，言うことを十分聴くようにして，子どもの進む方向をいっしょに考えてやることが必要である。早期教育ということで，幼いうちから多くの習い事に時間を費やすことは，子どもの心理的安定や対人能力の発達からいうと，あまり好ましいことではない。親が教育熱心のあまり，子どもに多くのことをやらせようとするのは，子どもの心からゆとりを奪うおそれがある。幼いときには，エリクソン（Erikson, 1963）が述べているように，まず「基本的信頼」を心の中に形成することが必要である。彼は「乳児が最初期の経験から得る信頼の念の量は，食物や愛情の表示の絶対量に依存するのではなく,むしろ母親との関係の質によるらしいということである。母親は，乳児の個々の要求に敏感に応じて世話をし，あわせて，その文化の生活様式の信頼されている枠内で，彼女自身一個人として信頼されているという確信に満ちているという特質に裏づけられた育て方で，子どもの心の中に信頼感というものを植えつける」と述べ，乳児と母親との関係の質の重要性を指摘している。家庭内における親の心理的安定が，子どもの成長にとって非常に重要なのである。親は子どもに目を向ける前に，まず自分の状態をふり返ってみる必要がある。

マスメディアで報道される青少年による殺人事件によって，最近の子どもたちを危険と考えるのはまちがいである。青少年による殺人事件数からいえば，1960年代ごろに比べるとずっと少ないのであるから，たまに報道される事件に対して，あまりに過敏に反応するのは不適切である。ただ，大人にとって理解できない殺人が青少年によって起こされているということは軽視できない。青少年による殺人を防止するためにも，これら新しいタイプの殺人を行った人間の理解が重要である。

3 学校のあり方

日本の現在の青少年にとって，学校という環境は決定的に大きな位置を占めている。行きたいかどうかにかかわらず，子どもたちは学校に行かなければならないというのが今の日本の状況である。学校が地域の知的情報センターであった昔とは違い，現在は各家庭で情報を直接得る環境が確立されている。子どもたちも塾や通信教育などさまざまなルートで知識を獲得できる時代になっているのである。こういう状況のなかで，学校のあり方はあまりにも時代のあり方からずれている。

1——学校は新しい役割が果たせる

地域での子どもたちの遊び集団がなくなり，子どもが孤立化せざるを得ない状況が広がっているなか，学校が果たす役割はますます重要になっている。年齢の近い子どもたちが日常的に多数集まっている場というのは，現在においては貴重である。学校はこういう特色を生かさなくてはいけない。

いじめや不登校の問題からもわかるように，現在の学校は子どもたちにかなりのストレスを与えている。学校が楽しくないのである。

小学校からの学校生活のなかで，とりたてて問題のない生活を送りながら，慢性的ないらだち不安感をつのらせている多くの子どもたちがいる（村山，2000）。やるべきことが決められていて忙しいのに，あきあきするほど退屈な毎日のなかで，多くの子どもはいらだち，むかつき，退屈し，あきらめていく。あきらめられない者は，退屈を埋めあわせるためにしだいに過激な刺激を求めるようになり，暴力と破壊性に向かう。それでも楽しくない学校生活が続いていく。直接的に何が不満かわからないが，ともかく自分が生かされていないという感じがする。そういう毎日が続くなかで，徐々に満たされない気持ちが蓄積されていくのである。

こういう心が爆発するのは，自分の今の状態を把握していないからである。自分の心の状態をきちんと把握して，自分のありたいように生きることができれば，殺人にまではいかない。自分のその時々の状態を把握するセルフモニターの力をつけることが必要である。

学校はもっと時代の変化に敏感になったほうがよい。教室の設備はあまり変わっていないだろうが，子どもへのかかわり方は変える必要がある。

2――まず悪質な「いじめ」をなくそう

最近の青少年の殺人事件では「いじめ」が関連している場合が多いように思われる。いじめられたことによる恨み心が，いじめる相手に向かう場合や無関係の人に向かう場合がみられる。青少年による殺人を防止するためにも，まず悪質ないじめをなくす必要がある。

村山（1997）は子どもたちの生活経験の変化がこれだけ大きいと，肯定とか否定とかの枠組みを越えて，その量的な変化が質的変化に転化しているのではないかと述べている。生活経験や人間関係の体験不足から，他者を自分と同じ生きている人間として実感できず，人の痛みがピンとこないうえに，イライラして他者攻撃をしないではいられない青少年が出現してきたように思われる。

3──アメリカでの「セルフ・サイエンス」の授業の例

アメリカで2001年に殺人で逮捕された15～19歳の少年は2,068人（マッツァリーノ, 2004）である。銃の所持が許可されているという事情もあるが，現在のアメリカは日本に比べて,成人だけでなく青少年においても殺人事件が多い。そのため青少年による殺人の予防は，より切実な問題である。

ゴールマン（Goleman, 1995）は『ＥＱ心の知能指数』のなかで，「社会として，１人ひとりの子どもに，怒りを処理する方法や紛争を建設的に解決する方法をきちんと教えてこなかっただけでなく，共感も衝動のコントロールも，ＥＱの基礎は何１つ教えてこなかった」と述べ，情動教育の重要性を指摘している。ＥＱとは，情動的知性，人格的知性といわれるもので，自分自身の情動を知る，感情を制御する，自分を動機づける，他人の感情を認識する，人間関係をうまく処理するという領域からなる能力である。こういう能力を育てることが，自己の能力を発揮するとともに円滑な人間関係を形成する鍵といえよう。

彼は，情動教育の先駆的モデルとしてヌエバ学習センターの「セルフ・サイエンス」を紹介している。セルフ・サイエンスの授業のテーマは「感情」で，自分自身の感情と人間関係から生じる感情を問題にして，生徒たちが実際に経験したこと，たとえば仲間はずれにされて傷ついたこと，嫉妬，意見の相違からけんかに発展しそうになったことなどについて話し合う。通常の教育の一環として子どもの社会的・情動的能力を向上させていくことを目指す授業である。そこでは徳目を教え込むのではなく，相手の言うことをしっかり聴くとともに，自分をしっかり主張することが重視される。自己認識や人間関係の能力を高めることが，この授業の目標である。子どもがもち込んでくるテーマは現実に即した格好の教材であり，それを取り上げることによって，子どもの社会的・情動的能力を向上させることが可能になるのである。ただし，そのためには教師の力量が求められる。今までは教師の教科指導能力が重視されてきた。これからは，それに加えて情動教育をする力が要求される。セルフ・サイエンスの教育は，情動の自己認識と，それをコントロールする能力，他人の感情を理解し，他人の立場でものをみる共感能力を重視している。これらは，現在の日本の教育においても重要なテーマといえよう。

4――情動教育を取り入れる

学校のカリキュラムはすでに過密状態になっている。ゆとり教育がいわれ，基礎教科の時間数減が問題になるなかで，情動教育のための時間枠を設けることは困難である。そのため，新しい時間枠を設けるのではなく，情動や人間関係に関する学習を既存の教育内容に盛り込むことが考えられる。総合的な学習の時間は，工夫しだいで情動教育を行う時間として活用できる幅をもっているように思われる。

青少年による殺人予防のため，学校教育に情動教育を取り入れることは有効な方法と考えられる。殺人の最大の原因は怒りであろう。だが，怒りは何らかの感情から引き起こされる二次的な反応であることが多い。なぜ自分は怒っているのかを考えてみると，どう対処するかの方法が見えてくる。プライドが傷ついたからなのか，欲求不満からなのか，嫉妬からなのか，恨みからなのか，満足感が妨害されたからなのか，心の平穏を妨げられたからなのか，いろいろな感情が怒りの感情の前に生じている。怒りの前の感情に気づくことができれば，対処することが可能になる。怒りが生じたときに，その原因を考える習慣を形成すれば，感情を爆発させなくてすむ可能性が大きくなる。今まで学校でこのようなことは教えてこなかった。しかし，これからは情動教育として，もっと心の問題を教える必要がある。

子どもたちの生育環境が変化してきており，地域の異年齢の子どもや大人とのかかわりが極端に少なくなっている。そのため，さまざまな場面における人間関係への対応力が形成されにくい。人間関係のなかで嫌なことがあり，怒りの感情が発生したときに適切に対応することができれば，相手を攻撃する行動には至らない。今や学校教育は教科教育だけでなく，情動教育にも力を入れるべき時代になってきたように思われる。

Column ⑭

情報化社会における殺人

現代日本は，高度に情報化された社会である。テレビ，新聞，雑誌などのマス・メディアに加えて，インターネットや携帯電話などの新しい情報通信メディアもめざましい進歩をとげ，その歩みは止まることを知らない。われわれは情報の網の目のなかに生きており，そこには大きな価値が含まれていると考えられている。情報に対する欲求も強く，青少年の52.3%が「広くいろいろなことを知っていたい方である」と述べている（総務庁青少年対策本部, 1997）。

このように情報への親和性が強い社会においては，各種のメディアが情報の受け手に対して与える影響も大きい。テレビ番組のなかで，有名タレントがある食品の健康への効用を話題にすると，スーパーマーケットの店頭で売り切れが続出したりするほどである。青少年が犯した殺人事件も，メディアを通して紹介され，事件の「特異性」「残虐性」「凶悪性」などの情報があまねく広められていく。多くの人々は，そのような言説がまったくの真実であると受け取り，「最近の若者」への忌避的な感情を強めていく。結局のところ，このような「情報管理」が少年法改正への道筋を開いていく原動力の１つとなったといえるであろう。

メディアに登場してくる暴力や殺人の場面が，青少年が犯した殺人事件に多大な影響を及ぼしているという言説も，一般的に広がっている。たしかに，テレビではニュース，ドラマ，アニメを問わず，多くの人々が死んでいく。ファイティング・ゲームでは，死闘が繰り広げられている。しかし，情報化社会になって殺人が増えたという事実は見あたらない。警視庁の統計によれば，殺人で検挙された少年は2000年は105人，2001年は109人，2002年は83人であり，ピークだった1959年の422人，1960年の438人，1961年の448人の４分の１以下である。この数字だけをみても，メディアにおける暴力や殺人という情報が，殺人事件という行動に直接的に結びついていると考えるのは，あまりにも短絡的であるといえるだろう。青少年は，メディアで描かれる世界と現実世界を区別し，自分の価値観に基づいて情報を取捨選択しているのである。

現代社会では，携帯電話やインターネットなど，双方向的な情報のやりとりが可能なメディアが情報通信の主流となっている。このようなニューメディアは，麻薬取引，出会い系サイトなどにおいてさかんに使われている（鮎川, 2001）。青少年が事件に巻き込まれて，各種犯罪の加害者や被害者となったり，さらには殺人事件へと結びついたりする危険性は無視できないものになっている。潜在的な事件に対する幅広い社会的な対応策が求められているといえるだろう。

Column ⑮

アメリカでの青少年の殺人事件

夏休みも中盤に入るころであった。アメリカ合衆国のジョージア州で15歳と16歳になる２人の少女（以下，少女Ａ・少女Ｂとする）が，少女Ａの祖父母（ともに70歳代）を殺害したとして，2004年８月３日に逮捕された。警察の調べによると，祖父母は，キッチン・ナイフで，15回以上にわたってそれぞれ刺された後があり，このニュースは，アメリカに大きなショックを与えた。

事件当日（８月２日），２人の少女は，少女Ａ宅の地下の部屋で大麻を吸っていると察して部屋に入って来た少女Ａの祖父母と言い争いになり，まず祖母をナイフで刺し始めた。その後すぐに少女らは，助けを求めるため階段を駆けあがった祖父を追いかけ，同じくナイフで刺し殺し，老夫婦のものとみられる宝石類やトラックを盗んで逃げたとされている。また，２人は途中，複数の友人らに老夫婦を殺害したことを携帯電話で伝えたという。老夫婦は，日ごろから少女ＡとＢの交友関係を好ましく思っておらず，少女Ａに，少女Ｂとは会わないように言っていたという。逮捕されたときには，少女２人のリュックから血に染まった２つのナイフと殺害をほのめかす少女Ａが書いたとされる手紙が見つかった。さらに，少女Ａの腕には，「殺す，鍵，金，宝石」と書かれてあった。少女Ａ，Ｂともに家庭状況は複雑である。少女Ａの母親は，2004年４月以降，大麻所有の罪で懲役中で，それ以後少女Ａは，母親の継父母と暮らしていた。父親は，前科があり12年前から姿を消していた。一方，少女Ｂは，幼いころから産みの母親とめったに会うことはなく，父親と継母と暮らしており，最近は，３番目にあたる継母と暮らしていた（デトロイト・フリー・プレス, 2004.8.4; アトランタ・ジャーナル, 2004.8.7, 8.19）。

北アメリカでも，青少年による殺人を含む犯罪は，とどまることなく深刻化しているように思われるが，特に少女による犯罪が近年目立ってきているようである。アメリカ合衆国では，殺人の罪で逮捕された少女（12歳～17歳）の数は，10年前の６割以上も増えている（Federal Bureau of Investigation（FBI）, 2001）。同じ北アメリカのカナダでは，少女（12歳～17歳）による殺人罪を含む犯罪率は，ここ10年における少年の犯罪増加率の２倍の勢いで増えている（Statistics Canada, 1999）。また，殺人を犯した多くの少年少女は，上記の少女Ａ・Ｂと同じように麻薬などのドラッグを服用していたとされる。さらに，彼らの多くの家庭環境は不安定で，少女Ａ・Ｂと同じように複雑な家庭環境におかれているケースが多い。少年少女による殺人事件の背後にある要因は，予想以上に複雑化しているようだ。

付章

人をあやめる青少年を理解するための

文献・資料集

本章では，人をあやめる青少年を理解する上で役に立つと考えられる著書や資料の中から，比較的読みやすいと思われるものを中心にいくつか選び，以下に掲載する。本書を補充するものとして，ご活用いただければ幸いである。

【執筆者のアルファベット順】

浅川道雄　2001　少年犯罪と子育て―元家裁調査官からの直言―　柏書房
鮎川　潤　2001　少年犯罪―本当に多発化・凶悪化しているのか―　平凡社
鮎川　潤　2002　新版少年非行の社会学　世界思想社
別冊宝島編集部（編）　2002　「子育て」崩壊！　宝島社
土井隆義　2003　〈非行少年〉の消滅―個性神話と少年犯罪―　信山社出版
ドストエフスキー（著）　江川　卓（訳）　1999～2000　罪と罰（上・中・下）　岩波文庫
藤井誠二　2002　17歳の殺人者　朝日新聞社
藤井誠二　2003　人を殺してみたかった―17歳の体験殺人！衝撃のルポルタージュ―　双葉文庫
藤井誠二・ＮＨＫスペシャル「少年犯罪」プロジェクト（編著）　2004　こころのブレーキがきかない―10代が考える「少年犯罪」―　日本放送出版協会
石井小夜子　2001　少年犯罪と向き合う　岩波新書
石井小夜子・坪井節子・平湯真人　2001　少年法・少年犯罪をどう見たらいいのか―厳罰化・刑事裁判化は犯罪を抑止しない―　明石書店
祝　康成　2000　19歳の結末――家４人惨殺事件―　新潮社
加賀乙彦　1980　犯罪　河出書房新社
加賀乙彦　1981　犯罪ノート　潮出版社
加賀乙彦　1982　宣告（上・下）　新潮社文庫
影山任佐　1997　仮面をかぶった子供たち―カウンセリングで暴かれた「普通の家庭」の病巣―　ひらく
家庭裁判所調査官研修所　2001　重大少年事件の実証的研究　財団法人司法協会
加藤尚武　2000　子育ての倫理学―少年犯罪の深層から考える―　丸善
キンドロン，D・トンプソン，M（著）　湯河京子（訳）　2003　危ない少年たちを救え　草思社
岸野ひろし　2004　誰が社会問題なのか　日本文学館
毎日新聞社会部（編）　1979　破滅―梅川昭美の三十年　晩聲社
間庭充幸　2002　犯罪の深層―社会学の目で見通す犯罪の内と外―　有斐閣選書
間庭充幸　2005　若者の犯罪―凶悪化は幻想か―　世界思想社
町沢静夫　2000　自尊心という病―自尊心の傷つきに耐えられない少年たち―　双葉社
宮台真司・香山リカ　2001　少年たちはなぜ人を殺すのか―気鋭の社会学者と精神科医

が相次ぐ少年事件の真相に迫る！対談集―　創出版
三好吉忠（編著）　2000　〈現場報告〉「少年Ａ」はどう矯正されているのか　小学館文庫
森　武夫（監修）・村松　励・生島　浩・藤掛　明（編集）　2000　ケースファイル 非行の理由　専修大学出版局
永山則夫　1984　木橋　河出書房新社
中西新太郎　2001　思春期の危機を生きる子どもたち　はるか書房
年少者犯罪研究会（編著）　1998　少年犯罪―子どもたちのＳＯＳが聞こえる―　童夢社
小田　晋　2002　少年と犯罪　青土社
小田　晋　2003　心の病気と犯罪についてすべてお話ししましょう―Ｑ＆Ａ犯罪精神医学―　双葉社
小此木啓吾　2000　「ケータイ・ネット人間」の精神分析―少年も大人も引きこもりの時代―　飛鳥新社
大村英昭　2002　非行のリアリティ―「普通」の男子の生きづらさ―　世界思想社
ルイス，Ｄ（著）　中原裕子（訳）　2000　殺人少年―何が彼らを凶行に駆りたてたか―　徳間書店
佐木隆三　1997　死刑囚永山則夫　講談社文庫
作田　明　2002　なぜ普通の子供達が犯罪少年になっていくのか　アドア出版
佐瀬　稔　1990　うちの子がなぜ！　草思社
芹沢俊介・別役　実・山崎　哲　1996　現代犯罪詣で ―実情と分析―　三一書房
芹沢俊介・高岡　健　2004　殺し殺されることの彼方―少年犯罪ダイアローグ―　雲母書房
「少年Ａ」の父母　1999　「少年Ａ」この子を生んで―悔恨の手記―　文藝春秋
髙山文彦　2001　「少年Ａ」14歳の肖像　新潮社文庫

【雑誌の特集など】

特集「続発する少年非行とその対応」 月刊生徒指導（学事出版），**33**（11），2003年
特集「長崎男児殺害事件から考える―子どもの犯罪をどう防ぐか―」 児童心理（児童研究会，金子書房），別冊11月号，2003年
特別企画「非行臨床」 生島　浩（編） こころの科学（日本評論社），**102**，2002年
特集「事件が表面化したとき学校は……」 月刊生徒指導（学事出版），**30**（11），2000年
特集「少年非行の今日的特徴と生徒指導のあり方」 月刊高校教育（学事出版），**33**（10），2000年
特別企画「中学生は，いま」 長谷川一廣（編） こころの科学（日本評論社），**78**，1998年

特集「神戸小学生殺害事件—事件の背景とこれからの教育を考える—」　児童心理（児童研究会，金子書房），別冊11月号，1997年

＊本文献・資料集の作成にあたっては，岡本英生氏の協力を得た。

引 用 文 献

■第 1 章

網野武博・神田久男・下平幸男　1981　非行少年に関する研究―II.年少児童の殺人事例 (1)―日本総合愛育研究所紀要, **18**, 151-161.

網野武博・神田久男・下平幸男　1982　年少非行に関する研究 (第 3 報)―I.年少児童の殺人事例 (2)―　日本総合愛育研究所紀要, **19**, 121-131.

Archer, D. & Gartner, R.　1984　*Violence and crime in cross-national perspective.*　New Haven: Yale University Press.　影山任佐・長谷川直実・石井利文・滝口直彦・斎藤憲司 (訳)　1996　暴力と殺人の国際比較　日本評論社

Bandura, A.　1983　Psychological mechanisms of aggression. In R. G. Geen & E. I. Donnerstein(Eds.), *Aggression: Theoretical and Experimental Reviews. Volume One.*　New York: Academic Press.

Blackburn, R.　1971　Personality types among abnormal homicides.　*British Journal of Criminology*, **11**, 14-31.

Blackburn, R.　1983　Psychopathy, delinquency and crime. In A. Gale & J. A. Edwards(Eds.), *Physiological Correlates of Human Behavior, Vol.3: Individual psychopathology.*　London: Academic Press.

Blackburn, R.　1993　*The psychology of criminal conduct: Theory, research and practice.* Chichester: John Wiley & Sons.

Block, R.　1977　*Violent Crime.*　Lexington, Ma: Lesington Books.

Browne, A.　1987　*When Battered Women Kill.*　New York: Free Press.

Daly, M. & Wilson, M.　1988　*Homicide.* Hawthorne: Aldine de Gruyter.　長谷川眞理子・長谷川寿一 (訳)　1999　人が人を殺すとき―進化でその謎をとく―　新思索社

Doerner, W. G. & Speir, J. C.　1986　Stich and saw: the impact of medical resources upon criminally induced lethality.　*Criminology*, **24**, 319-330.

土井隆義　1994　レトリックとしての犯行動機　imago, 4月号, 206-219.

Freud, S.　1920 (1955)　*Beyond the pleasure principle.* Standard Edition, 18.　London : Hogarth Press. Pp.7-64.　小此木啓吾 (訳)　快感原則の彼岸　フロイト著作集Ⅵ　人文書院　Pp. 151-194.

Fromm, E.　1973　*The Anatomy of Human Destructiveness.*　New York: Holt, Rinehart and Winston.

福島　章　1997　殺人者のカルテ―精神鑑定医が読み解く現代の犯罪―　清流出版

福島　章　2003　殺人という病―人格障害・脳・鑑定―　金剛出版

Hartmann, H., Kris, E., & Lowenstein, R.　1949　Notes on the theory of aggression. In A. Freud(Ed.), *The Psychoanalytic Study of the Child, Volume 3.*　New York: International University Press.

長谷川寿一・長谷川眞理子　2000　戦後日本の殺人の動向―とくに，嬰児殺しと男性による殺人について―　科学, **70** (7), 560-568.

Hollin, C. R. & Howells, K. 1989 An Introduction to Concepts, Models and Techniques. In K. Howells & C. R. Hollin(Ed.), *Clinical Approaches to Violence.* Chichester: John Wiley & Sons. Pp.3-24.

Holmes, R. & DeBurger, J. 1988 *Serial murder.* Newbury Park, CA: Sage.

Holmes, R. M. & Holmes, S. T. 2001 *Murder in America* (2nd ed.). Thousand Oaks, CA: Sage. 影山任佐（訳） 2005 殺人プロファイリング入門 日本評論社

法務省法務総合研究所（編） 2003 平成15年版 犯罪白書 国立印刷局

法務省法務総合研究所（編） 2004 平成16年版 犯罪白書 国立印刷局

犬塚石夫 2002 非行要因としての「未成熟」について 犯罪と非行, **132**, 3-26.

門脇厚司 2000 現代青少年の特性と少年非行・少年犯罪の変質 犯罪と非行, **123**, 26-48.

影山任佐 1997 エゴパシー―自己の病理の時代― 日本評論社

影山任佐 1999 テキストブック殺人学 ―プロファイリングの基礎― 日本評論社

家庭裁判所調査官研修所（監修） 2001 重大少年事件の実証的研究 （財）司法協会

Kohut, H. 1971 *The analysis of the self.* New York: International Universities Press. 近藤三男・小久保 勲・笠原 嘉・滝川健司・水野信義（訳） 1994 自己の分析 みすず書房

Kohut, H. 1977 *The restoration of the self.* New York: International Universities Press. 本城秀次・本城美恵・笠原 嘉・山内正美（訳） 1995 自己の修復 みすず書房

Luckenbill, D. 1977 Criminal homicide as a situated transaction. *Social Problems,* **25**, 176-186.

Malmquist, C. P. 1996 *Homicide: A Psychiatric Perspective.* Washinton, D.C.: American Psychiatric Press.

間庭充幸 2002 犯罪の深層―社会学の目で見通す犯罪の内と外― 有斐閣

Megargee, E. I. 1966 Undercontrolled and overcontrolled personality types in extreme antisocial aggression. *Psychological Monographs,* **80**.

佐々木光郎 1999 「いきなり型」非行等現代非行をめぐる調査実務 判例タイムズ, **996**, 259-263.

瀬川 晃 2001 少年犯罪の「第４の波」と改正少年法 犯罪と非行, **127**, 5-32.

生島 浩 2003 非行臨床の焦点 金剛出版

Wilson, C. & Pitman, P. 1961 *Encyclopaedia of murder.* London: George Weldenfeld & Nicolson. 大庭忠男（訳） 1993 新装版 殺人百科 彌生書房

Wilson, C. & Seaman, D. 1983 *Encyclopaedia of modern murder.* Surrey: David Bolt. 関口篤（訳） 1988 現代殺人百科 青土社

Wolfgang, M. E. 1957 Victim-precipitated criminal homicide. *Journal of Criminal Law, Criminology and Police Science,* **48**, 1-11.

Wolfgang, M. E. 1958 *Patterns in Criminal Homicide.* Philadelphia: University of Pennsylvania Press.

矢幡 洋 2002 殺人者の精神科学 春秋社

山岡一信 1969 殺人犯罪の形態的研究 岩井弘融・遠藤辰雄・樋口幸吉・平野龍一（編） 日本の犯罪学２ 東京大学出版会

コラム②

家庭裁判所調査官研修所（監修） 2001 重大少年事件の実証的研究 司法協会

コラム③

宮下一博 2001 非行少年の疎外感の受容に関する研究 千葉大学教育学部研究紀要, **49** (2), 11-17.

コラム④

Lorenz, K. 1963 *Dos sogenannte : Zur Naturgeschichite der Aggression*. Wien: Dr. G. Borotha-Schoeler Verlag. 日高敏隆・久保和彦（訳） 1985 攻撃 ―悪の自然誌― みすず書房

河野荘子 2003 非行の語りと心理療法 ナカニシヤ出版

白井利明・岡本英生・柏尾眞津子・弓削亜也子・福田研次・栃尾順子・平山真理・林 幹也 2000 非行からの立ち直りに関する生涯発達的研究（Ⅰ）―Sampson & Laubの検討― 大阪教育大学教育研究所報, **35**, 37-50.

白井利明・岡本英生・福田研次・栃尾順子・小玉彰二・河野荘子・清水美里・太田貴巳・林 幹也・林 照子・岡本由美子 2001 非行少年からの立ち直りに関する生涯発達的研究（Ⅱ）―ライフヒストリーの分析― 大阪教育大学教育研究所報, **36**, 41-57.

コラム⑤

Ascione, F. R., Thompson, T. M., & Black, T. 1997 Childhood cruelty to animals: Assessing cruelty dimensions and motivations. *Anthrozoos*, **10**, 170-177.

Dadds, M. R., Whiting. C., Bunn, P., Fraser, J. A., Charlson, J. H., & Pirola-Merlo, A. 2004 Measurement of cruelty in children: the Cruelty to Animals Inventory. *Journal of Abnormal Child Psychology*, **32** (3), 321-334.

Felthous, A. R. & Kellert, S. R. 1987 Childhood cruelty to animals and later aggression against people: A review. *American Journal of Psychiatry*, **144**, 710-717.

Guymer, E. C., Mellor, D., Luk, E. S., & Pearse, V. 2001 The development of a screening questionnaire for childhood cruelty to animals. *Journal of Child Psychology and Psychiatry*, **42** (8), 1057-1063.

Merz-Perez, L. & Heide, K. M. 2004 *Animal Cruelty: Pathway to Violence Against People*. Rowman & Littlefield.

中井久夫 2004 記憶 徴候 外傷 みすず書房

■第2章

American Psychiatric Association 1994 *Diagnostic and Statistical Manual of Mental Disorders, 4th Edition:DSM-Ⅳ*. Washington, D.C.: American Psychiatric Association. 高橋三郎・大野 裕・染矢俊之（訳） 1995 DSM-Ⅳ 精神疾患の分類と診断の手引き第4版 医学書院

American Psychiatric Association(Ed.) 2002 *Diagnostic and statistical manual of mental disorders: DSM-Ⅳ-TR*. 高橋三郎・大野　裕・染矢俊幸（訳） 2002 DSM-IV-TR 精神疾患の診断・統計マニュアル　医学書院

Bender, L. 1959 Children and adolescents who have killed. *American Journal of Psychiatry*, **116**, 510-513.

Benedek, E. & Cornell, D.(Eds.) 1989 *Juvenile Homicide*. Washington,D.C.: American Psychiatric Press.

福島　章　2003　殺人という病　金剛出版

原　淳　1998　精神遅滞　風祭　元・山上　皓（編） 臨床精神医学講座第19巻　司法精神医学・精神鑑定　中山書店　Pp.199-206.

長谷川寿一・長谷川眞理子　2000　戦後日本の殺人の動向　科学, **7**, 560-568.

林　幸司　2001　精神鑑定実践マニュアル・臨床から法定まで　金剛出版

法務省法務総合研究所（編） 2003　平成15年版　犯罪白書　国立印刷局

法務省ホームページ　2004　矯正施設における被害者の視点を取り入れた教育 http://www.moj.go.jp

犬塚石夫　1995　殺人事件にみる少年の諸特徴と対人関係　犯罪と非行, **105**, 61-82.

石川義博　1992　非行・犯罪　土居健郎・笠原　嘉・宮本忠雄・木村　敏（編） 異常心理学講座第10巻　文化・社会の病理　みすず書房　Pp.117-208.

家庭裁判所調査官研修所　2000　重大少年事件の実証的研究

Lewis, D. O., Moy, E., Jackson, L. D., Aaronson, R.,Restifo, N.,Serra, S., & Simos, A. 1985 Biopsychosocial characteristics of children who later murder: a prospective study. *American Journal of Psychiatry*, **142**, 1161-1167.

松田文雄　2001　青少年犯罪と精神科医療　精神医学, **43**, 1203-1208.

Meloy, J. R., Hempel, A. G., & Mohandie, K. 2001 Offender and Offense Characteristics of a nonrandom sample of adolescent mass murderers. *Journal of the American Academy of Child & Adolescent Psychiatry*, **40**, 719-728.

Myers, W. C. & Kempe, J. P. 1990 DSM-Ⅲ-R classification of murderous youth: Help or hindrance? *Journal of Clinical Psychiatry*, **51**, 239-242.

中島洋子　1998　精神遅滞　山崎晃資・花田雅憲（編） 臨床精神医学講座第11巻　児童青年期精神障害　中山書店　Pp.29-60.

中田　修　1966　犯罪と精神医学　創元社

杉山登志郎　1998　自閉症　青年期，成人期　山崎晃資・花田雅憲（編） 臨床精神医学講座第11巻　児童青年期精神障害　中山書店　Pp.87-114.

高桑和美・田村雅幸・來栖裕眞　1994　少年による殺人事件の特徴―1. 年齢層別による検討―　科学警察研究所報告防犯少年編, **35**, 13-23.

滝口直彦　1985　有機溶剤乱用者による重大犯罪の司法精神医学的研究　犯罪学雑誌第51巻第1号, 1-14.

田村雅幸　1983　最近30年間における殺人形態の変化　科学警察研究所報告防犯少年編, **24**, 33-45.

田中廣司・服部善郎・中村　修　2003　川越少年刑務所における被害者の視点を取り入れた指導について　日本矯正教育学会第39回大会発表論文集　日本矯正教育学会　Pp.27-33.

渡邉和美・田村雅幸・來栖裕眞　1995　少年による殺人事件の特徴 ―2．加害者・被害者関係による分析―　科学警察研究所報告防犯少年編, **36**, 18-29.

WHO　1990　*The ICD-10 classification of mental and behavioral disorders: clinical descriptions and diagnostic guidelines.* 融　道夫・中根允文・小見山　実（監訳）　1993　ICD-10国際疾病分類第10版　精神および行動の障害　医学書院

山口悦照・坪内宏介・浜　孝明・西田太郎　1991　少年による殺人事犯に関する研究　法務総合研究所研究部紀要, **34**, 113-134.

山本和郎　1986　コミュニティ心理学　東京大学出版会

山崎晃資　2001　青少年犯罪と精神疾患を語る前に―児童精神医学から見えるもの―　精神医学, **43**, 1172-1179.

コラム⑦

中井久夫　2004　徴候　記憶　外傷　みすず書房

牛島定信　2004　リストカットの理解と扱い方　川谷大治（編）　自傷―リストカットを中心に―　現代のエスプリ, **443**, 5-28.　至文堂

■第3章

Bartholomew, K.　1990　Avoidance of intimacy: an attachment perspective. *Journal of Social and Personal Relationships*, **7**, 147-178.

Bender, L.　1974　Aggression in children. *Research Publication Association for Research in Nervous and Mental Disorders*, **52**, 201-208.

Erikson, E. H.　1963　*Childhood and Sosiety, Second Edition.*　New York: W. W. Norton.　仁科弥生（訳）　1977　幼児期と社会 I　みすず書房

福井　進・小沼杏坪（編）　1996　薬物依存症ハンドブック　金剛出版

福島　章　1994　覚せい剤犯罪の精神鑑定　金剛出版

福島　章　1998　覚醒剤関連精神障害　風祭　元・山上　皓（編）　臨床精神医学講座第19巻　司法精神医学・精神鑑定　中山書店　Pp.178-183.

Goleman, D.　1995　*Emotional Intelligence: Why It Can Matter More Than IQ.*　New York: Bantam Books.　土屋京子（訳）　1996　ＥＱ　心の知能指数　講談社

原　淳　1998　精神遅滞　風祭　元・山上　皓（編）　臨床精神医学講座第19巻　司法精神医学・精神鑑定　中山書店　Pp.199-206.

法務省ホームページ　2004　矯正施設における被害者の視点を取り入れた教育　http://www.moj.go.jp

池田由子　1987　児童虐待　中公新書

石川義博　1992　非行・犯罪　土井健郎他（編）　異常心理学講座第10巻　文化社会の病理　みすず書房　Pp.117-208.

逸見武彦　1982　有機溶剤乱用の社会病理　島薗安雄・保崎秀夫・加藤伸勝（編）　精神科 MOOK 3　覚せい剤・有機溶剤中毒　金原出版

風祭　元　1999　深川の通り魔事件　福島　章（編）　現代の精神鑑定　金子書房　Pp.304-360.

國吉真弥　1997　自己呈示行動としての非行（1）―構造化面接の結果から―　犯罪心理学研究, **35**（2）, 1-13.
Malmquist, C. P.　1971　Premonitory signs of homicidal aggression in juveniles. *American Journal of Psychiatry*, **128**, 461-465.
マッツァリーノ, P.　2004　反社会学講座　イースト・プレス
McGee, J. & DeBernardo, C.　1999　The classroom avenger. *Forensic Examiner*, **8**, 16-18.
Meloy, J. R., Hempel, A. G., & Mohandie, K.　2001　Offender and Offense Characteristics of a nonrandom sample of adolescent mass murderers. *Journal of the American Academy of Child & Adolescent Psychiatry*, **40**, 719-728.
村山士郎　1997　フツーの顔をしたあぶない子どもたち　桐書房
村山志郎　2000　なぜ「よい子」が暴発するか　大月書店
Myers, W. C. & Kempe, J. P.　1990　DSM-Ⅲ-R classification of murderous youth: Help or hindrance? *Journal of Clinical Psychiatry*, **51**, 239-242.
中田　修　1987　責任能力をめぐる最近の問題―覚醒剤中毒と精神分裂病―　懸田克躬・島薗安雄・大熊輝雄・高橋　良・保崎秀夫（編）　現代精神医学体系年刊版’87-B　中山書店
中谷陽二　1999　薬物・アルコール関連障害と刑事責任能力　佐藤光源・洲脇　寛（編）　臨床精神医学講座第８巻　薬物・アルコール関連障害　中山書店　Pp.391-398.
小田　晋　1982　薬物乱用と犯罪・非行　島薗安雄・保崎秀夫・加藤伸勝（編）　精神科MOOK 3　覚せい剤・有機溶剤中毒　金原出版　Pp.58-69.
岡本英生　1997　非行・犯罪心理学における動機づけ研究 ―本邦における無力感と効力感に関する研究のこれまでと今後について―　犯罪心理学研究, **35**（2）, 53-62.
岡本英生　1998　非行少年の仕事及び非行の自己効力・結果予期についての研究　犯罪心理学研究, **36**（1）, 1-22.
阪井敏郎　1989　いじめと恨み心　家政教育社
妹尾栄一　1998　各種の物質乱用　山崎晃資・花田雅憲（編）　臨床精神医学講座19巻　司法精神医学・精神鑑定　中山書店　Pp.187-189.
白井利明・岡本英生・福田研次・栃尾順子・小玉彰二・河野荘子・清水美里・太田貴巳・林　幹也・林　照子・岡本由実子　2001　非行からの少年の立ち直りに関する生涯発達的研究（Ⅱ）―ライフヒストリーの分析―　大阪教育大学教育研究所報, **36**, 41-57.
Shumaker, D. M. & Prinz, R. J.　2000　Children who murder: A review. *Clinical Child and Family Psychology Review*, **3**, 97-115.
杉山登志郎　1998　自閉症　青年期，成人期　山崎晃資・花田雅憲（編）　臨床精神医学講座第11巻　児童青年期精神障害　中山書店　Pp.87-114.
少年犯罪データベース　2004　http://kangaeru.s59.xrea.com/（2004. 9 .15 閲覧）
滝口直彦　1985　有機溶剤乱用者による重大犯罪の司法精神医学的研究　犯罪学雑誌第51巻第１号, 1-14.
田中廣司・服部善郎・中村　修　2003　川越少年刑務所における被害者の視点を取り入れた指導について　日本矯正教育学会第39回大会発表論文集　日本矯正教育学会　Pp.27-33.
立津政順・後藤彰夫・藤原　豪　1956　覚醒剤中毒　医学書院

和田　清　2003　こころの科学111　薬物乱用・依存　日本評論社
和田　清　2004　薬物乱用・依存の医学的障害―押さえるべきポイント―　KNOW　News Letter　麻薬・覚せい剤乱用防止センター
Walshe-Brennan, K. S.　1977　A socio-psychologic investigation of young murderere. *British Journal of Criminology*, **17**, 58-63.
Williams, R. & Williams, V.　1993　*Anger kills.*　Reid Boates Literary Agency.　河野友信（監修）　1995　怒りのセルフコントロール　創元社

コラム⑭

鮎川　潤　2001　少年犯罪　平凡社新書
総務庁青少年対策本部（編）　1997　情報化社会と青少年―第3回情報化社会と青少年に関する調査報告書―　大蔵省印刷局

コラム⑮

Federal Bureau of Investigation（FBI）　2001　*Uniform Crime Reports for the United States.* Washington , D. C.: US Department of Justice.
Statistics Canada　1999, July 21　Youth justice statistics. Ottawa, ON: Author.

人名索引

事項索引

【執筆者一覧】

河野　荘子	編者	1-1
川畑　直人	京都文教大学	1-2
大橋　靖史	淑徳大学	1-3
近藤　淳哉	大阪刑務所	2-1
磯邉　　聡	千葉大学	2-2
岡本　英生	奈良少年刑務所	2-3-1, ,3-2-1
鈴木　明人	富山少年鑑別所	2-3-2, 3-2-2
宇都宮敦浩	北九州医療刑務所	2-3-3, 3-2-3
中並　朋晶	北九州市立精神保健福祉センター	2-3-3, 3-2-3
青島多津子	根岸病院	2-3-4, 3-2-4
本城　秀次	名古屋大学	2-3-5, 3-2-5
宮下　一博	千葉大学	3-1
水野　正憲	岡山大学	3-3

■コラム

關崎　　勉	福井少年鑑別所	コラム1，2
柏尾眞津子	大阪国際大学	コラム3，4
高橋　　哲	矯正協会附属中央研究所	コラム5，7
勝田　和彦	名古屋家庭裁判所	コラム6，12
松嶋　秀明	滋賀県立大学	コラム8，9
山田　祐子	国立精神・神経センター	コラム10
鈴木　健一	金沢大学	コラム11，13
都筑　　学	中央大学	コラム14
小西　千秋	ブリティシュ・コロンビア大学大学院	コラム15

【編者紹介】

河野荘子（こうの・しょうこ）

1971年　兵庫県に生まれる

1998年　名古屋大学大学院教育学研究科博士課程後期課程単位取得満了

現　在　名古屋大学教育発達科学研究科助教授　博士（教育学）

主著・論文

生きる力をつける教育心理学（共著）　ナカニシヤ出版　2001年

キレる青少年の心（共著）　北大路書房　20002年

非行の語りと心理療法　ナカニシヤ出版　2003年

臨床心理学の実践１　心理療法の実践（共著）　北樹出版　2004年

生きる力を育む生徒指導（共編著）　北樹出版　2005年

シリーズ 荒れる青少年の心

人をあやめる青少年の心
―殺人の心理―
発達臨床心理学的考察

2005年９月10日　初版第１刷印刷
2005年９月20日　初版第１刷発行

定価はカバーに表示してあります。

編　者　河野　荘子
発行者　小森　公明
発行所　㈱北大路書房
〒603-8303　京都市北区紫野十二坊町12-8
電　話　(075) 431-0361㈹
F A X　(075) 431-9393
振　替　01050-4-2083

制作／見聞社　印刷・製本／創栄図書印刷㈱
検印省略　落丁・乱丁本はお取り替えいたします

ISBN4-7628-2466-6 Printed in Japan